CB058889

o que AS MULHERES não dizem AOS HOMENS

Rose Marie Muraro
& Albertina Duarte

o que
AS MULHERES
não dizem AOS HOMENS

EDITORA RECORD
RIO DE JANEIRO • SÃO PAULO
2006

CIP-Brasil. Catalogação-na-fonte
Sindicato Nacional dos Editores de Livros, RJ.

D87o
Duarte, Albertina
  O que as mulheres não dizem aos homens / Albertina Duarte, Rose Marie Muraro. – Rio de Janeiro: Record, 2006.

  ISBN 85-01-07137-4

  1. Mulheres – Comportamento sexual. 2. Relação homem-mulher. I. Muraro, Rose Marie, 1932- . II. Título.

06-0199
CDD – 306.7
CDU – 392.6

Copyright © 2006, Rose Marie Muraro e Albertina Duarte

Direitos exclusivos desta edição reservados pela
EDITORA RECORD LTDA.
Rua Argentina 171 – 20921-380 – Rio de Janeiro, RJ – Tel.: 2585-2000

Impresso no Brasil

ISBN 85-01-07137-4

PEDIDOS PELO REEMBOLSO POSTAL
Caixa Postal 23.052
Rio de Janeiro, RJ – 20922-970

EDITORA AFILIADA

SUMÁRIO

INTRODUÇÃO: É preciso fazer gênero   9

PRIMEIRA PARTE
Adolescência

1. A primeira menstruação ontem e hoje   15
2. O namoro e o "ficar": como reagem meninos e meninas   23
3. A famosa "primeira vez" e o hímen   29
4. Camisinha: como torná-la chique   35
5. Educação e gênero: o conflito de gerações e a diminuição dos abortos em São Paulo   45
6. Broxar x fingir orgasmo: as zonas erógenas da mulher   55

SEGUNDA PARTE
MULHERES E HOMENS ADULTOS

7. Relação sexual, libido e masturbação 65
8. Tesão, artifícios médicos, exercícios vaginais e vaginismo 75
9. Mulher fria engravida? A ingestão indevida de hormônios por homens e mulheres e a motilidade do espermatozóide 83
10. Testosterona e agressividade 93
11. Suspensão da menstruação, menopausa e reposição hormonal 97
12. A terceira idade através dos séculos XX e XXI: uma mudança fantástica 107

TERCEIRA PARTE
OUTRAS MULHERES

13. Adolescência na zona rural: influência da mídia e identidade 125
14. Sexualidade na zona rural 133
15. A mulher indígena 143

QUARTA PARTE
A PROSTITUTA E O HOMEM MAIS TERRÍVEL: O ABUSADOR

16. As prostitutas   155
17. Abuso sexual, estupro e pedofilia   161

CONCLUSÃO: Juntando tudo e fazendo gênero   183

INTRODUÇÃO

É preciso fazer gênero

Este livro nasceu da cabeça de duas mulheres: a doutora Albertina Duarte e Rose Marie Muraro.

A doutora Albertina é uma das mais importantes ginecologistas do Brasil, tendo em sua bagagem nada menos do que 30 mil pacientes e uma vasta experiência com todos os tipos de mulheres e, também — por que não? — de homens.

Rose Marie Muraro, por sua vez, possui larga vivência nos movimentos sociais, especialmente os de mulheres. Foi nomeada pelo Presidente da República para o Conselho Nacional dos Direitos da Mulher pelo seu notório saber em problemas de gênero.

Poucas pessoas sabem o que é gênero, mas essa é hoje uma categoria de pensamento muito importante na nossa vida cotidiana. Para entendê-la é preciso contar um pouco sobre como ela nasceu. Até o século XIX, todos viviam misturados na ciência e na prática econômicas. Quando Marx criou a categoria classe social, mostrando como pobres e ricos viviam numa luta silenciosa mas selvagem, foi então que se entendeu o que era ser opressor e o que era ser oprimido.

E o mundo inteiro, cinqüenta anos depois, mudou de cara. Metade desse mundo se tornou comunista, assumindo, ao menos aparentemente, o lado dos pobres; e a outra metade, capitalista, assumidamente se colocou do lado dos patrões, e acabaria ganhando a luta, não fosse a categoria gênero. Essa categoria foi criada no século XX — anos 1970 —, quando as mulheres deixaram as suas casas e entraram no mundo público, o mundo do trabalho — o sistema produtivo. E começaram a exigir a sua visibilidade.

A partir dos anos 1990, quase todas as universidades do mundo criaram Centros de Estudos da Mulher e o mundo começou a mudar de cara outra vez. Mas, dessa vez, não com violência e sim com amor. Mulheres e homens começaram a ver as suas diferenças e semelhanças. Começaram a aparecer milhares de publicações "do ponto de vista da mulher", da mesma forma que "do ponto de vista dos pobres" Marx estudou a economia. Então, homens e mulheres passaram a se entender de maneira diferente, sem a visão opressor/oprimido.

Hoje, em alguns países as mulheres já têm 50% do poder e o Banco Mundial, órgão das Nações Unidas para o desenvolvimento dos povos, já pensa nesse desenvolvimento do ponto de vista do gênero.

E é então que este livro se coloca nessa linha mais atual de pensamento, tentando ver a sexualidade, da adolescência à terceira idade, do ponto de vista da mulher, especialidade de ambas: Albertina e Rose. Assim, ele não é um livro convencional, mas toca em algumas feridas, em que nunca ninguém ousou mexer, e em outras bastante originais.

Antes de terminar, temos também de explicar que, no Brasil, a primeira grande pesquisa feita sobre sexualidade chamou-se "A sexualidade da mulher brasileira: corpo e classe social no Brasil" (que deu origem à obra de mesmo nome, lançada em 1983, pela Editora Vozes). Ela é citada o tempo todo neste livro porque tanto a doutora Albertina quanto a Rose trabalharam nela.

Até hoje essa pesquisa é considerada única no Brasil, porque junta gênero e classe social, mostrando como uma categoria não pode existir sem a outra. A luta de gênero e a luta de classe são complementares. E, no decorrer deste livro, isso será abordado tanto quanto será visto que a sexualidade entre as mulheres rurais e as urbanas é diferente por causa da classe social a que pertencem.

A nossa sexualidade, de homens e mulheres, é "fabricada" pelo econômico e só conseguiremos "desfabricá-la" ou desconstruí-la se empregarmos a categoria gênero. E esta é a parte final deste livro. Assim, você verá como é possível "fazer gênero"!

PRIMEIRA PARTE

Adolescência

1.

A primeira menstruação ontem e hoje

Rose: Quero fazer uma confissão: eu nunca soube quando as minhas filhas menstruaram pela primeira vez. Trabalhava muito, era pai e mãe. Nunca tinha tempo para elas. E elas se resolveram com as empregadas. Essa é uma vergonha que carrego comigo, que gostaria de poder redimir. Eu, até hoje, sinto muito por isso! Como é com as outras? Ou melhor: o que as meninas falam na primeira vez que menstruam?

Albertina: Anteriormente, quase sempre o que eu ouvia era: "Olha, quando eu menstruei... tive muito medo." Posso inclusive dar exemplos do que estou dizendo: uma mulher que tem hoje 50 anos me disse: "A primeira vez que menstruei, eu pensava que tinha me machucado. E aí tive vergonha de falar para minha mãe, porque pensei que tinha me masturbado e me ferido, por isso não falei para ela. Só depois é que ela soube que eu tinha menstruado."

Já outra me falou: "Estava na escola e menstruei. Aí cheguei para minha mãe e disse assim: 'Mãe, aconteceu uma coisa comigo: fui ao banheiro e saiu esse sangue.' E minha mãe, muito atrapalhada, falou: 'Oh, filha, agora você ficou moça. Então, agora sua vida vai ser toda diferente, porque, já sendo moça, você pode engravidar e, fora isso, todo mês vai sair de você esse sangue, essa menstruação.' 'Todo mês mesmo? Todo mês eu vou ter que agüentar isso?', perguntei. 'Ah, sim! Isso é coisa de mulher. Mulher é assim!' Mas aí vinha o pior; vinha alguém e falava: 'Você está com dor?' 'Não estou com dor, não!', eu respondia. 'Mas você é muito nova para menstruar! Puxa, eu tinha mais idade do que você, quando menstruei! Agora você vai ficar moça.' Mas eu nunca entendi direito o que era esse ficar moça!"

Hoje, o que as adolescentes falam mudou muito; houve uma mudança total. As adolescentes agora conversam abertamente com suas mães sobre menstruação e até perguntam: "Eu vou ter TPM? O que é TPM?" "Ora, filha, a TPM não é nada mais que a tensão pré-menstrual."

R: Atualmente, muitas até celebram a chegada da menstruação... Fazem festa!

A: Principalmente as mães, e isso incomoda as adolescentes. "Sabe a minha mãe? Ela conta para todo mundo que eu já fiquei menstruada. Queria até dar uma festa. Eu não queria que ela desse uma festa, não queria pagar esse 'mico'."

Então, em trinta anos passei por dois discursos. Quando comecei no consultório, quando me tornei médica há 34 anos, as mulheres tinham até medo de falar sobre a sua primeira menstruação. Simplesmente escondiam.

Hoje, elas são abertas "demais". Veja os depoimentos que me fazem as adolescentes: "Minha mãe até mandou *e-mails* para as minhas amigas, dizendo que eu já tinha ficado moça... Ela não é louca? Você não acha isso uma loucura?" Ou então: "Não quero que ela fale que eu já menstruei, mas ela conta!"; e por aí vai... "Até meu pai, que está separado da minha mãe, veio comemorar a minha primeira menstruação."

Num nível social mais alto há festa, flores, presentes: "Eu ganhei uma jóia..." "Ganhei um buquê de flores..." Ou mesmo: "E o meu irmão que trouxe absorventes para mim. Imagina, Doutora, até meu irmão sabe que eu menstruei."

R: É assim mesmo!

A: Esse tipo de abertura, oculta ou pública, também dá para a mulher realmente a possibilidade desse momento de diálogo em que a mãe pode compartilhar com a filha as emoções, e resgatar, ela, a mãe, o que não lhe foi possível ter.

R: Mas tanto o fechamento quanto a abertura são iguais...

A: É, a menstruação ficou uma coisa muito batida e as adolescentes, quando a mãe fala de menstruação, agora já dizem: "Ah, mãe, pára! Eu sei de tudo isso!" Mesmo assim, quando a adolescente vem ao consultório com a sua mãe e eu pergunto quando foi a última menstruação dela, é sempre a mãe quem responde: "Ah, há uns 15 dias, junto com a minha." E quando ela ainda não menstruou, há uma cobrança implícita. Na verdade eu diria assim: a menstruação é um grande ritual de se ficar mulher...

R: Um rito de passagem mesmo...

A: Um ritual de passagem. Nós fizemos uma pesquisa muito interessante com as adolescentes sobre o que representava para elas a menstruação. Algumas diziam: "Ah, é uma coisa difícil" ou "Eu mudei e não sou mais criança." Já outras falavam: "Tenho medo, sou medrosa. O que será que vai mudar em mim, agora que estou menstruada?" "Será que vou parar de crescer, agora que menstruei? Será que não vou crescer mais agora que essa menstruação virá todo mês?" Mas há também as adolescentes que celebram: "Puxa, sou igual às minhas amigas. Antes todas elas menstruavam, só eu que não! Agora também menstruo."

E o que é muito interessante é o próprio modo de lidar com a menstruação. Quando eu entrei na faculdade, os absorventes estavam começando a entrar na moda. Na verdade, algumas mulheres mais antigas ainda me diziam: "Ah, Doutora, a senhora vai me desculpar, mas eu não me adapto a esses absorventes."

R: Os antigos absorventes eram de pano, não é? Uma toalhinha...

A: As mães ainda usavam aqueles paninhos. E as filhas, já menstruadas, escondiam suas calcinhas ou os paninhos sujos, para que suas mães não soubessem disso. Hoje a mudança é tanta que os próprios absorventes apresentam-se de diversos modos, são coloridos, diferentes, de vários tipos e marcas. E ficou comum me perguntarem: "Posso usar absorvente interno?", ou: "Vai acontecer alguma coisa comigo se eu usar absorvente interno?"

R: E acontece?

A: Bem, não é toda adolescente que pode usar absorvente interno, porque existem alguns himens muito fechados. Nesse caso, essa adolescente deve usar um miniabsorvente, que é bem menor. Porque, se uma adolescente que ainda não tem contato com seu corpo usar o absorvente interno normal, ela pode se ferir, pois, lá dentro, ele incha e fica maior.

Por isso, muitas adolescentes têm dificuldade de usá-los, uma vez que, após acostumar-se com ele, a adolescente que não está ligada tende a esquecê-lo lá dentro. E esse tipo de absorvente, se ficar mais do que quatro horas sem ser trocado, pode causar uma infecção que alguns autores americanos descrevem como Síndrome Tóxica.

Além disso, as adolescentes dizem: "Que saco, vou ficar menstruada." E aí vêm as dúvidas: "Como é que eu faço para usar biquíni? Como é que eu vou à praia? O que vai acontecer comigo?" Então, naquela família que antes, quando a adolescente saía de férias, a mãe escondia de todos a menstruação da filha, hoje já é a própria mãe que pergunta ao médico: "Não dá para adiar a menstruação? Nós vamos ter que fazer uma viagem; é na época de férias, a única em que nós vamos poder ficar todos juntos." Veja: isso prova a mudança do ritual na questão de lidar com a menstruação e até como lidar com os próprios absorventes; da toalhinha, hoje se passou para a discussão do absorvente interno.

Também é importante saber o tempo exato da primeira menstruação, porque, se uma menina com 9 anos já menstrua, ela mostra uma puberdade precoce...

R: Bem, eu queria saber uma coisa: é verdade que a televisão está fazendo com que as meninas tenham uma puberdade precoce? A televisão, os programas da Xuxa, da Angélica, por exemplo?

A: Várias pesquisas estão mostrando que as mulheres menstruavam no começo do século XX entre 14 e 15 anos. Quando eu menstruei, a idade média da primeira menstruação ficava em torno dos 13 anos; hoje a média está nos 12. Então, nos últimos trinta anos, a média da idade do início da menstruação diminuiu um ano.

As adolescentes estão entrando, sim, mais cedo na menstruação. O que influi nisso? Sabemos que o som, a luz, os estímulos fazem com que haja uma aceleração, uma antecipação da puberdade.

R: Isso é um negócio sério! Eu penso que a sexualidade do adolescente está sendo hiperestimulada a partir dos 10 anos.

A: Sem dúvida! Agora, uma coisa importante, Rose: uma menina cega e que não tem estímulos visuais menstrua mais tarde.

R: Por quê?

A: Porque a hipófise é estimulada pela luz, pelo som, pelo calor. Sabemos que as mulheres dos climas quentes menstruam mais cedo e, é claro, que a nutrição também tem seu papel: as meninas obesas podem menstruar mais cedo do que as que são mais magras. A adolescente precisa pesar, no mínimo, quarenta quilos para que sua hipófise possa dar uma resposta. Portanto, quanto mais gordinha, mais cedo ela menstrua.

2.

O namoro e o "ficar": como reagem meninos e meninas

A: Agora, observe uma menina "erotizada" precocemente. Hoje, o estímulo quanto à política do corpo é enorme. As meninas com 7, 8 anos, atualmente, vestem-se como mulheres...

R: Com 4 anos já põem batom...

A: Com 4 anos já são cobradas pelas amiguinhas também erotizadas: "Você tem namorado? Dança?" É a própria mãe quem diz: "Já tem namorado na escola, não é, filhinha?" E as festas hoje? As meninas de 7, 8 anos, já vão a festas com música e dança.

R: Conheci uma menina com 5 anos que já tinha namoros, paqueras, rolos... Assim mesmo!

A: Houve, então, uma mudança real no comportamento geral. Eu diria que por causa de todos esses estímulos elas menstruam mais cedo, porque hoje se sabe que as meninas que vivem mais confinadas, que têm menos contato com a civilização e com esses estímulos, menstruam mais tarde.

R: E é isso que está sendo a causa de um maior número de gravidezes na adolescência.

A: Sem dúvida! E pelo tipo de relacionamentos hoje, é natural a adolescente de 12 anos já ter "ficado". Muitas meninas de 13 anos reclamam comigo: "Já tenho 13 anos, doutora, e ainda não 'fiquei'."

R: Ficar como?

A: Com alguém!; com um garoto.

R: Ah, sim!, beijando, essas coisas... Sei, sei!

A: Agora, uma das coisas que elas não contam para a mãe é o medo que elas têm de não "ficar" com alguém, de serem consideradas feias.

R: Esse ficar, para mim, é um problema. O que você acha?

A: As mães e a maioria das pessoas acham que "ficar" é estar de mãos dadas. No entanto, "ficar" é beijar, é fazer carícias etc., mesmo, e sem compromisso.

Uma paciente adolescente uma vez entrou em meu consultório, grávida, e a mãe me disse: "Ah, doutora, ela está grávida do namorado." "Namorado, não, mãe. Eu só fico com ele!"
Então, "ficar", repito, é estar com alguém sem compromisso. E uma menina de 10, 11 anos, é muito cobrada pelo grupo por não "ficar" com alguém. "Sabe, doutora, elas me chamam de 'careta', porque eu ainda não fiquei com ninguém. Não é porque sou feia; tem até uns garotos que querem ficar comigo, mas o que eu quero é namorar." Uma outra adolescente também me disse: "É sempre assim, eu vou a uma festa e um menino chega para mim e logo vai perguntando: 'Tenho alguma chance?', mas não pára para conversar comigo, porque o negócio dele é apenas ficar. E esse ficar é sempre muito rápido." "Ficar", então, pode ser beijando, abraçando, tendo carícias íntimas e outros tipos de relação. E isso torna a mulher muito descartável...

R: Com certeza! Mas o que as jovens que "ficaram" e, hoje, estão com 18, 19 anos acham do casamento, da relação contínua com um companheiro, com filhos e tudo? Só queria saber uma coisa: quem nos anos 1980 "ficou" o que acha hoje das relações tradicionais?

A: A mulher tem uma vivência da questão do romance e, por isso, quer alguém que, para sempre, esteja com ela, ao lado dela; quer, sim!
E você, Rose, que estudou a sexualidade da mulher brasileira, pode falar melhor sobre isso. A esse respeito

o que eu percebo é que quando a adolescente não "fica" é porque sabe que o garoto só quer mesmo é ter um rolo com ela, e não namorar. E, ainda hoje, há meninas que têm medo de "ficar", de não ter compromisso.

Num primeiro momento, ela até provoca o garoto, mas não vai em frente. Mas a maioria das meninas dizem que se uma garota quer apenas namorar, ela é discriminada. Assim, quase todas dizem: "Ah, eu não quero ficar namorando, quero só ficar de rolo." Mas, no fundo, nem todas "ficam". E, com 18, 19 anos, aquelas que "ficaram" e não conseguiram depois ter um namoro sério, não contam isso para as amigas. Mas contam para mim que sentem muita decepção por não conseguirem manter um compromisso firme. E essas meninas têm uma vontade enorme de manter um relacionamento com alguém que as queira seriamente.

R: Agora, nesse negócio de manter compromisso firme, o que acontece na cabeça dos meninos que só costumam "ficar"? Tenho uma história de uma amiga que estava profundamente revoltada com a filha de 14 anos que tinha tido a primeira relação, mas que o menino não estava nem aí e, pior, ainda se gabava: "Qual é? Com esse são oito cabaços!"

A: O que eu tenho visto nas pesquisas é que muitas meninas, quando perguntadas se aquela foi a hora certa para a primeira relação, respondem: "Não, eu poderia ter esperado mais! Sempre 'fiquei' por medo de não agradar. E fiquei da primeira vez por medo de não conseguir dizer não."

E o menino, esse não está preocupado. Para ele isso é ser atleta, é marcar gol. Para ele, então, é 1 x 0, 2 x 0, bola na rede; quer dizer: ele não tem compromisso com o afeto. Mas para a menina, não! Além de tudo, ela passa a ser comentada no colégio, na rua, como nos tempos antigos. "Aquela já ficou demais! É uma 'galinha'. Todo mundo já ficou com ela." E o menino, ele ainda é endeusado, porque "fica" com muitas mulheres. E é tido, então, como "garanhão"! E seus amigos sempre elogiam: "Eu gosto muito dele, ele é um 'garanhão'." É isso aí que sempre ocorre.

3.

A famosa "primeira vez" e o hímen

R: Agora, deixa eu perguntar: as adolescentes contam como é a relação entre o menino e a menina; elas apontam algum detalhe físico, alguma coisa, ou não? Elas dizem se na primeira vez doeu, ou se foram frias?

A: Ah, a famosa primeira vez... Há, porém, um dificultador: o desconhecimento do que é o hímen. Aliás, o hímen e a primeira relação constroem uma história que perpassa todas as classes sociais, mas na verdade ele é desconhecido pela imensa maioria.

Quando mostrei às mulheres das áreas populares uma vagina de borracha, muito bem-feita, que eu às vezes levo para ilustrar as palestras, muitas delas ficaram curiosíssimas, mas também irritadíssimas com o tamanho dela, ficaram furiosas mesmo, porque eu disse que aquela vagina tinha de 8 a 11cm. "Mas para que serve um pênis grande, então?", elas perguntaram, "para que serve um com 15, 16 cm, se a vagina só tem 11cm?" "E o do meu marido", disse outra, "que se gaba dos seus 20 cm; para que isso, então?" E ficavam muito brabas; acharam-se traídas. Eu me lembro de uma que ficou muito decepcionada: "Só mede isso? Então, não preciso de mais nada."

Outra coisa: elas ficavam muito atentas para saber onde e como era o hímen.

R: E que tamanho tem mesmo o hímen?

A: Ah, o hímen, na verdade, é como se fosse um envelope e tem o tamanho da borda de uma rolha de garrafa de vinho. Sabe aquela primeira bordinha da rolha de cortiça que fica para fora do gargalo? Então o hímen tem o tamanho quase igual àquela bordinha que fica para fora, isso é, quase meio centímetro. O hímen é muito fininho, da espessura de uma folha, sai fácil, mas dói quando rompe.

R: Mas há alguns himens que não doem quando são rompidos, não é mesmo?

A: Olha, 20% das mulheres têm himens complacentes, ao serem penetrados, eles se mostram elásticos.

R: Depois, ficam virgens outra vez...

A: É, não rompem, não é? Mas uns 5, 10% têm himens muito mais rígidos, que demoram para romper. Mas, veja bem, se a mulher estiver bem lubrificada, ele rompe! Então, não é imprescindível que sangre na primeira relação; o homem não descobre que ela já teve relação se ela não quiser. Basta que, na relação, ela aperte e contraia bem a vagina, que nunca ele irá descobrir, nunca irá conseguir fazer um diagnóstico preciso.

R: Que maravilha, isso! Fale! Toda mulher precisa saber fingir que é virgem!

A: Antigamente, as mulheres passavam pedra-pomes...

R: Pedra-pomes para inchar...

A: Hoje, elas podem passar o ácido chamado Metacresol sulfônico, uma substância quase cáustica que se aplica em aftas, e que também é usada para compor uma pomada que a mulher aplica no tratamento de corrimentos. Então essa substância deixa uma película muito dura e a pele fica semiqueimada, cauterizada. Assim, quando a mulher vai ter a relação, fica doendo e o homem acha que ela é virgem. Por exemplo, mesmo a mulher mais madura, com boa lubrificação, só se denuncia na atitude. Não na atitude física, mas na psicológica, se ela já vai iniciando a relação achando que o homem descobrirá... Então, ela se denuncia na postura, na consciência corporal.

Veja bem, como ginecologista, tenho que colocar uma mulher em posição ginecológica para olhar a rotura. É como se fosse, como eu disse, um envelope que está um pouquinho rasurado. Não é fácil ver; tem que pôr lente de aumento para observar se existem pequenas roturas. E o hímen se rompe como se fosse um relógio na altura das sete horas, das seis, das cinco, das quatro... em suma, de hora em hora. Então fica assim, como que denteado, sem ser de todo redondinho. Mas existem muitos himens assim, meio denteados. Eu mesma, muitas vezes, fico na dúvida, depois de um estupro. E concluo logo que é necessário um exame mais técnico, feito por um legista, para observar.

Como ginecologista, percebo que existem roturas, mas roturas incompletas. Há mulheres que já têm vida sexual há tempos, mas, pelo relaxamento, por tudo, tiveram roturas incompletas. Então, uma mulher pode chegar para mim e dizer: "Eu acabei de ser abusada", e isso tanto pode ser verdade quanto não. Veja, é minha intimidade com essa paciente que vai trazer exatamente a dimensão da confiança entre nós. E mesmo um legista pode se atrapalhar, porque há certos tipos de rotura que não são passíveis de identificação. Depois de 15 dias, todas as roturas ficam iguais.

R: Eu também queria saber o que é um septo...

A: Ah, sim. Existem himens que têm septo. Você já sabe que o hímen é como uma rodinha; o septo é aquela paredezinha no meio. Então, às vezes, existe duplo hímen; às vezes, um pequeno septo. E esse pequeno septo atrapalha. Nem todas as mulheres sabem da existência desse pequeno septo que, quase sempre, precisa ser retirado cirurgicamente. Quase sempre, porque há homens que conseguem romper o septo com o pênis.

O septo é como uma daquelas verruguinhas que se tem e se pode arrancar mais ou menos facilmente. E a textura do hímen é como a da gengiva, é muito fina, muito fácil de sangrar; batendo, pode sangrar... Mas se a mulher estiver mais leve, mais solta, ela nunca sangra. Esse é um fato que também causa muito impacto nas mulheres, quando mencionado em minhas palestras.

E são duas as situações em que esse impacto é grande: a primeira, quando explico que o hímen fica na entrada da vagina; e aí elas falam: "Meu namorado disse que era só na entradinha... Que não fazia mal. Ora, mesmo só no comecinho, então, já rompeu, né? E ele que falou que só a cabecinha não fazia mal." Aí uma outra replicou: "Opa, só a cabecinha..., e já entrou tudo." "E se a vagina tem 8, 12 cm..." E elas ficam muito furiosas.

A outra situação se deu quando eu falei que nem sempre tinha que sangrar. Então todas tinham uma história: da amiga, da avó, da bisavó ou da irmã que foram a vida inteira discriminadas, porque não tinham sangrado da primeira vez.

R: Meu Deus!

4.

Camisinha: como torná-la chique

A: Uma das grandes questões é que todas as pessoas insistem no conhecimento dos dados anticoncepcionais. Então, todas as políticas, todos os trabalhos, todos propõem ensinar aos adolescentes a usar os métodos anticoncepcionais. Mas os doutores Thomas Silber e Robert Blum, norte-americanos, já mostraram que os programas enfocados unicamente no controle da natalidade ou no planejamento familiar pelo método do controle anticoncepcional não foram suficientes para reduzir o número de filhos das adolescentes, principalmente no setor urbano.

Então, o que nós fizemos aqui, no estado de São Paulo? Quer dizer: a partir de uma pesquisa feita com a Organização Mundial de Saúde, o que percebemos? Percebemos a necessidade de incorporar nesse planejamento as concepções de gênero, aprendidas da questão feminina, do trabalho da mulher. Assim, numa pesquisa feita com 2.357 adolescentes, constatamos que as meninas na primeira relação têm medo de não agradar e que o prazer vem na proporção de 22%/23%. Já os meninos têm medo de falhar e o tesão, o prazer, acontece na ordem de 30%.

A partir disso, percebemos também que as adolescentes tinham um razoável conhecimento dos métodos anticoncepcionais, na verdade, muito além do esperado. Até então achávamos que elas não tinham acesso a esses métodos. Mas, delas, 90% conheciam vários métodos, embora 70% não usassem método algum na primeira relação. Por isso, começamos a trabalhar com esse dado. Por quê? Porque, se a adolescente tem medo de não agradar, qualquer obstáculo que houver é suficiente para que essa menina não exija nada.

Quer dizer: era tamanha a insegurança, tamanho o medo dessa primeira relação, que qualquer obstáculo que pintasse fazia com que ela pensasse que a relação poderia não se realizar. Então, dizíamos: "Se você tem a camisinha com você, por que não oferece?" E ela respondia: "E o que ele vai falar, pensar de mim? Que eu já transei por aí?" Ou então: "A minha prova de amor é consentir na relação de forma integral e agradá-lo, porque o meu medo é não conseguir agradar."

E o menino, que tinha medo de falhar, mentia que já usava camisinha e alegava que as mulheres diziam sempre que transar de camisinha era como chupar uma bala com papel, mas no fundo, no fundo, durante várias dinâmicas que realizávamos, o que aparecia de verdade era: "Olha, doutora, o meu pênis é muito grande, não vai caber tudo aí dentro!" Quer dizer: na realidade, o que ele tinha era medo de broxar, porque não conhecia realmente seu pênis; o medo dele era não manter a ereção enquanto colocava a camisinha, porque a ereção diminuía e, aí... Por isso, ele mente para a menina, dizendo que já teve muitas relações. Um garoto de 16 anos "nunca é virgem"... "Já começo com '10' na poupança." E a primeira garota com quem tiver relação sexual será sempre a décima primeira.

O que percebemos hoje? O educadores, os pais, todos ficam falando: "Minha filha, use a camisinha se você for ter alguma relação." E para os meninos: "Não esqueçam da camisinha! Têm que usar!" E, também nisso, as mães de hoje, na verdade, mudaram. Antigamente elas tinham muito medo de falar desse assunto com seus filhos, de saber que seus filhos já tinham relação sexual. Hoje, elas já admitem que as filhas tenham relações sexuais, mas têm também medo de elas engravidarem ou contraírem Aids. Então, qual é o discurso... "Quando você tiver relação, minha filha, pelo amor de Deus, use a camisinha, use a pílula, tem tantos métodos por aí, use..."

O que a mãe não sabe é que o discurso dela já chega atrasado. Quando ele chega, já aconteceu... E o pior é que não adianta mandar a menina usar a camisinha, ela também sabe que tem de usar. O discurso poderia ser: "Minha filha, por que você tem medo de não agradar o seu parceiro por não usar camisinha? O que impede você de usar? Que baixa auto-estima você tem, que obriga você a ter medo de usar a camisinha?"

Antigamente as pessoas falavam: "É falta de informação!" Enciclopédia ninguém precisa ser, porque, por exemplo, uma pessoa não precisa de muita informação para usar um aparelho ortodôntico. Quer coisa mais desconfortável que um aparelho dentário... Mas, hoje, toda adolescente acha que dá *status* usar um aparelho nos dentes e ninguém pergunta se ele atrapalha o beijo ou o sexo oral, não é verdade? Nunca menina alguma me perguntou: "Doutora, eu posso beijar de língua com o aparelho nos dentes?" As adolescentes não ligam mais para esse aparelho extremamente feio e desconfortável, porque ele dá *status*. É de bom-tom e, assim, podem usá-lo sem medo, já que depois será tirado e o sorriso delas ficará lindo. Por que nós não conseguimos na questão sexual o mesmo comportamento, a mesma aceitação?

Não faz muito tempo, todo mundo falava: "Coitada, aquela menina usa um aparelho nos dentes." Agora, não. Hoje, toda adolescente já pergunta: "Será que eu vou usar um aparelho dentário?" É uma maravilha; é como se ela fosse usar uma minissaia. Nenhuma adolescente acha que fica feia de aparelho ortodôntico nem que ele atrapalhe o beijo.

Isso, por quê? Porque existe uma aprovação e uma moda no uso do aparelho dentário. Mas a camisinha não criou essa intimidade com os adolescentes. Ela é ainda tão clandestina que eles têm medo de usar. Então, o que estamos fazendo em São Paulo... Estamos negociando, fazendo uma negociação com os jovens. Eu acredito e venho dizendo em cada congresso que não interessa mais insistir, que temos de parar com essa afirmação neurótica de dizer que o adolescente não conhece os métodos anticoncepcionais e não insistir naquelas aulas, tipo: "O tamanho dos testículos equivale ao tamanho de uma amêndoa ou de uma noz; dois centímetros aqui, dois centímetros lá e o pênis em geral mede tanto..."

R: Horríveis...

A: ... e por aí vão... E fazem o desenho, trazem moldes de argila etc... Isso não interessa! O que hoje, insisto, deve ser mais trabalhado é: "Por que você se envergonha de usar camisinha com seu parceiro?" Essa é a situação! E, a partir daí, nessa questão de gênero, temos que tentar reverter a situação para que a camisinha passe a ser um instrumento de prazer...

R: Como?

A: Da seguinte maneira: "Olha, se você usar a camisinha, você só tem a ganhar, porque esse menino, que é tão apressado, se usar a camisinha vai demorar mais tempo. Ele vai ter mais intimidade com o pênis, vai fazer um exercício de percepção do corpo e aí vocês só têm a ganhar, porque o uso da camisinha facilita a ereção dele. Então, veja: ele vai ser mais cuidadoso e você pode, no entremeio, nas preliminares, já colocar a camisinha nele e, a partir daí, naturalmente, a relação vai acontecendo de forma mais calma e prazerosa para ambos. Você pode colocá-la nele ou mesmo ele colocá-la em si, inclusive na sua frente, como instrumento de prazer. Se ele for muito apressado, bastante rapidinho, a relação vai ser uma porcaria... Se ele for tão rápido que não dê tempo de colocar a camisinha, ele também vai ser super-rápido na relação; e mulher nenhuma se dá bem com rapidez."

Podemos comparar a mulher, como já falei, a um fogão a lenha, que acende devagar. E o parceiro, se é rápido, a um fogão a gás que, com o fogo forte, logo, logo queima tudo, torra tudo. Então, menino que é muito rápido não está com nada; é desajeitado. O cara legal é aquele que demora bastante tempo, que vai colocando a camisinha devagar e... E se ele broxar, nada impede que comecem tudo de novo. Qual o problema? Agora, se ele é rápido, então também vai ser rápido o prazer da menina e ela não vai gostar. Ela vai sair perdendo. Além disso, a camisinha também protege a menina, porque mesmo que ela acredite que não vai pegar uma doença sexualmente transmissível (DST), só mesmo o uso desse preservativo traz a garantia real de não contaminação por DST e de não gravidez.

O menino nunca tem medo da gravidez. O menino só tem medo das DSTs. Como ele acha que na primeira relação a menina é virgem, é "fresquinha", é "novinha", é "cheirosinha", que não transou ainda com ninguém, ele pensa: Ah, essa menina não pode mesmo me passar nenhuma doença, e da gravidez eu não tenho medo, porque se essa pintar, é ela mesma que vai cuidar da criança."

Então, em vez de trabalharmos em torno da pergunta "Você conhece a camisinha?", o que é redundante, porque todo mundo conhece a camisinha, trabalhamos a camisinha como instrumento de prazer. É possível para a adolescente falar com o parceiro sobre isso, para criar intimidade. Mas quase sempre a adolescente só pergunta "Ele gosta de mim? Ele gosta de mim?", levada pela questão do romantismo que é tão falada e que faz com que ela só pense em ter um amor romântico. Ela apenas quer saber se o parceiro gosta dela, ela nunca se pergunta se vale a pena gostar dela mesma, ou que amor é esse que o parceiro tem por ela. Assim, ela fica tão ansiosa para ele gostar dela que aceita qualquer situação, mesmo tendo relações rapidinhas.

Hoje, ela tem relações rapidíssimas em locais não apropriados; no fundo do quintal, enquanto a mãe não vem; no banheiro da festa, da lanchonete, da danceteria ou nos bailes *funk*, que estão dominando o lazer adolescente. Na verdade, essa menina vai passando, vai tendo relações, vai se engalfinhando...

R: Nos bailes *funk* tem até uma escala depreciativa: existe a "tchutchuca" ou "tchutchuquinha", que é a menininha, a "gatinha"; a "cocota" ou "coca-cola", que é a virgem; a "preparada" ou "cachorra", que é aquela que se engalfinha, que topa tudo; a "mercenária", que é aquela que gosta de dinheiro, de *status* etc., não é isso?

A: Isso! Existe inclusive aquela que é conquistada e, também, a que não está conquistada... Mas, veja bem, todos esses estereótipos podem fazer com que a menina muitas vezes se dê como "preparada", fingindo que não é mais virgem, já que como elas mesmas dizem: "Pega muito mal se eu for virgem."

E, por isso, várias adolescentes já me falaram: "Doutora, eu não tenho coragem de confessar que sou virgem, porque seria um 'mico'. Vão dizer que ninguém me quis. Então, eu menti para o meu namorado, quando ele me chamou de feiosa e disse que ninguém me queria, afirmando que eu já tinha tido relações sexuais com vários outros garotos." Então, hoje a coisa mudou e a mulher agora tem vergonha de ser virgem...

R: Meu Deus...

A: Há trinta anos, a mulher chegava e dizia: "Doutora, eu não sou mais virgem! O que vou fazer agora?" E hoje é: "Doutora, eu já estou com 20 anos e continuo virgem... E a cada dia fica mais difícil manter essa opção." Na verdade, se alguém exige é porque quer.

Por aí você pode ver, Rose, que houve uma globalização no consumir o sexo. O sexo virou consumo. Então, o que está acontecendo... Aquela adolescente que quer se preparar para um amor com afeto, que é mais intenso, agora não está com nada. É como ela fala: "Ah, doutora, se eu for explicar tudo para ele, ele vai embora e fica com outra" ou, até: "A senhora não acredita, doutora, ele é tão legal... A senhora acredita que ele conseguiu ficar seis meses sem tentar nada comigo, porque eu dizia que não estava pronta? E ele aceitou as minhas regras."

Daí, o que devemos debater é a partir de qual idade essa garota começa a discutir sobre esses assuntos com a professora, com o médico, com a psicóloga, que quase sempre já vão falando que: "Se você tiver relação, use a camisinha, senão você engravida." Sim, porque elas são interessadas, muito mais do que se pensa.

Assim, apesar de falarmos que é uma questão de gênero, foi só colocando os assuntos do homem e os da mulher separadamente que a adolescente se viu reportada a esse dilema que começa desde a infância e perpassa pela questão do abuso sexual: a menina tem medo de não agradar até ao abusador.

R: Eu gostaria de acrescentar que a minha pesquisa "Sexualidade da mulher brasileira" levanta dados que complementam essa questão da necessidade da separação nítida entre os assuntos do homem e os da mulher.

A: Claro! É isso que eu estava pensando, a necessidade de levantarmos aqui, juntas, o que nunca ninguém falou e, veja, isso que é o novo. Quando vou para Ceilândia e digo tudo, eu acho que não tenho a propriedade que você tem de falar nos interesses do homem e da mulher, mas juntas poderemos mostrar com maior clareza, você com sua questão de gênero e eu com minha referida pesquisa. Assim, no fundo, os dois se desencontram e se distanciam; ele mentindo que já teve várias e ela também. Ambos inseguros, ambos escondendo seus desejos, suas emoções; e eles engravidam e abortam, ainda sem falar.

5.

Educação e gênero: o conflito de gerações e a diminuição dos abortos em São Paulo

A: Então, quando é que começa a questão de gênero? Começa desde o nascimento, mas na adolescência é que as situações de gênero ficam muito mais fortes, porque é aí que se conversa, que se dão as negociações entre o imaginário adolescente e o concreto existencial. E, então, acho que temos que ver qual a psicologia a ser usada na educação desses adolescentes.

Principalmente na educação das meninas é preciso, hoje, não esconder delas a realidade do mundo que nos cerca. E já há pais que trazem para elas a realidade do mundo: são os pais quem primeiro mostram a situação de classe concreta, as dificuldades financeiras... São eles que trazem, nos ossos, na carne, a realidade concreta, os aspectos do mundo externo, lá de fora, para dentro de casa.

Então, quando se discute a luta de gerações, não é tão simples assim; é mais do que isso, é luta de classes, a luta das situações verdadeiras entre o concreto que os pais trazem e o imaginário que os adolescentes desejam, porque eles não agüentam esse concreto. Tanto que eles não querem ouvir dos pais que "No meu tempo..."; "O que está acontecendo com você já aconteceu comigo..."; "Eu já passei por isso..." Eles acreditam plenamente que nada vai acontecer com eles próprios, que aquilo que aconteceu com seus pais não possa de fato acontecer com eles.

Eles, assim, não têm que confiar nos pais porque esses trazem para os adolescentes uma concretude que eles não querem saber. Eles vão se aliar aos imaginários que irão aprovar o comportamento adolescente: da menina, é a amiga da mesma geração que vai concordar com os sonhos dela; é aquela amiga com quem a menina falou na escola e, quando chega em casa, ainda gasta horas, falando as mesmas coisas com ela ao telefone convencional ou celular, que é uma magia, ou se conectando com ela, se tiver computador... Na verdade todos os artifícios que podem favorecer esse imaginário serão usados para que a menina tenha espaço para falar de si e fortalecer seu imaginário.

Agora, se nesse processo, que sempre acontece, ela encontra um adolescente, um menino, que, mesmo que não tenha qualidade alguma, seja o depositário do imaginário dela, não tem jeito: ela fica escrava dele...

R: Ela fica "agradada" porque ela agrada...

A: Isso! Ela fica grata porque agrada e fica agradada. É verdade! Ela não pergunta se o que vale a pena é ele gostar dela, ela fica feliz só porque é aceita.

R: Isso só aparece mais tarde...

A: Entretanto, não importa que a família chegue e diga assim: "O que você viu nesse menino? Ele não estuda, não trabalha, não faz nada...", porque o que interessa à adolescente é ele estar disponível; mais do que isso, é ser também depositário dessas sensações sobre as quais ela não tem espaço algum para exercitar sua vontade e, além disso, esse garoto não irá questionar as coisas que ela sente e que ela acha que já estão questionadas.

Desse modo é tão forte a necessidade de ela não ser questionada por ele, para que não o desagrade, que ela evitará qualquer obstáculo, qualquer situação que possa causar desagrado. Assim, se ela imaginar que a camisinha atrapalha, de forma alguma ela vai colocá-la no meio da relação...

R: Como é que se resolve isso?

A: Então, como estamos trabalhando muito, conseguimos reduzir o número de partos de 148 mil, que tivemos em 1998, para 112 mil em 2002 e para 104 mil em 2003. Isso é uma supervitória! Sair de 100 mil partos de primeira gravidez para 66 mil partos, quatro anos depois, apesar do aumento do número de adolescentes; sair de 26 mil partos de adolescentes que já tinham dois filhos e passar para 20 mil, são vitórias incontestáveis que nenhum país — nem mesmo países poderosos do Primeiro Mundo — conseguiu, somente o nosso Estado.

E como conseguimos isso? Simplesmente paramos de falar "Não engravide!" ou "Não é hora!" ou mesmo "Use camisinha". E começamos a trabalhar com o que era importante no cotidiano delas, para que elas falassem de seus sentimentos, de suas emoções, para que pudessem dramatizar, para que trabalhassem em grupo, para que tivessem espaço para falar de seus medos e desejos com uma psicóloga.

Durante a dramatização é cruel, porque elas sentem que está errado ter medo de usar a camisinha, ter medo de crescer; mas o mais cruel, quando estão em grupo, é o receio que demonstram em oferecer "um obstáculo", que pode ir da camisinha à franqueza de dizer "Hoje não dá. Eu estou no período fértil"; ou, mesmo: "Eu não estou tomando pílula, não estou tomando nada, não dá. É melhor adiarmos." Isso, para elas, é quase inaceitável!

Desse modo, uma situação é: damos a camisinha; elas levam na bolsa, mas na hora de usar, de tirar da bolsa e dar para o menino... é um movimento como o de atravessar um oceano. Então, estamos trabalhando para isso: para fazê-las refletir sobre o porquê de elas não poderem oferecer aos meninos uma camisinha. E trabalhando também para que não tenham medo da gravidez e, sim, que se valorizem mais.

Falar, simplesmente, de auto-estima, de ter cuidado com DSTs, também não adiantou, porque na hora H elas não acreditam que os meninos possam passar para elas doenças sexualmente transmissíveis. Então, começou assim: elas só são mulheres porque não só se cuidam, mas também porque buscam um prazer maior. E os meninos, se são apressadinhos e se não respeitam essa necessidade feminina, é porque não gostam delas. Quer dizer: amor como prova..., isto é, usar camisinha como prova de carinho...

R: Ou melhor, como antigamente os homens pediam às meninas que se deixassem desvirginar como prova de amor, agora elas devem exigir como prova de amor que eles usem a camisinha.

A: Mas, normalmente, eles não usam a camisinha...

R: É porque eles não gostam delas e acabou!

A: Sim, esses homens não gostam delas; não têm tempo para gostar delas, não fazem sacrifício algum e sempre dizem para elas que é mais fácil usar pílula. E aí elas se indagam: "Eu estou tomando a pílula, estou tomando remédio, e ele não faz nada comigo?"

Quer dizer, na verdade, em vez de eles darem a ela uma flor, eles não dão coisa alguma: não dão uma música, não dão uma prova de carinho; então, não dão prova de amor usando camisinha... A prova de amor, a prova de afeto, enfim, é usar a camisinha.

R: Você lembra quando o homem nos pedia uma prova de amor?

A: Lembro, sim! E se você lembra bem, você sabe que houve uma inversão, porque, com certeza, agora, e isso nós também pesquisamos, nenhum amor existe sem relação sexual e as mães não sabem. Não estou falando isso para chocar as mães, mas para alertá-las: hoje, os adolescentes acham que a relação faz parte do namoro; os adolescentes, em sua ampla maioria, acham certo ter relações sexuais. Um dado forte é que as adolescentes, no fundo, cerca de 30% a 40% gostariam de casar virgens, mas os meninos não acham mais certo casar com mulher virgem...

R: Que loucura...

A: Inverteu. Nos anos 1970, queriam casar com mulher virgem; hoje, as adolescentes, na média de 35%, desejariam casar virgens e não conseguem, porque, dos meninos, nem 10% aceitam mais isso. "É mentira! Não vai encontrar, porque virgem mesmo não existe mais. Então para que vou querer essa besteira: não vai ter!", é o que dizem. E assim tornam essa situação concreta. Em nossa pesquisa, nenhuma menina também quis casar com menino virgem...

R: Já, antes da nossa, sobre a sexualidade da mulher brasileira, feita nos anos 1980, nos anos 1960, 80% dos homens só casariam com mulher virgem.

A: Agora, Rose, a grande contribuição que queremos passar e eu estou muito tranquila quanto a isso, não por onipotência mas pela vivência desses anos, é mostrar que vamos transladar o eixo de falar sobre a informação "Use", não no sentido de conhecer, mas no de utilizar, usar mesmo, isto é, transladar o eixo do mero conhecimento para uma mudança de comportamento de fato, embora não se mude facilmente um hábito, ainda mais de um adolescente, se não somarmos à mudança o prazer. Não dá para apresentarmos aos adolescentes uma pessoa com Aids, para fazê-los ter medo dessa doença; não dá para apresentarmos um "acidentado" aos adolescentes e dizer: "Olha o que pode acontecer com vocês!"

Não, o necessário é incutir bem dentro do adolescente o raciocínio de que a camisinha é boa para ele, que faz parte da intimidade dele, como se fosse uma segunda pele, e que ele se sentirá melhor usando camisinha, porque terá mais prazer por não correr riscos. E a menina deve falar: "Além de eu ter mais prazer, eu não tenho angústias, não tenho o medo de engravidar nem de pegar doenças." Porém, a menina não deve pensar apenas que o uso da camisinha evita essas angústias. Deve pensar também que "Eu tenho um prazer enorme com ele, porque mostra que gosta de mim... E, olha, ele gosta de mim mesmo, ele é um namorado tão legal, que até se prepara e usa camisinha para eu poder ter mais prazer. E outra coisa que é bem legal: quando ele usa camisinha, eu fico bem limpinha."

R: Você sabe que eu nunca transei com homem usando camisinha.

A: Em nossa geração, de mais de 50 anos, dificilmente alguém usou camisinha. E isso faz com que soe falso o que muitos educadores, muitos médicos e profissionais falam do uso da camisinha para os adolescentes, porque não sentiram na pele, na prática, tal uso; e o adolescente saca!

Ora, os adolescentes estão incorporando muito mais do que os adultos o uso da camisinha. Porque ter confiança é muito difícil. Quer dizer: o que fazer? Vão chegar e pedir um teste de HIV? Um comprovante de uso de pílula anticoncepcional, para provar que não vão engravidar? E só depois é que vão transar? Isso não existe! Os adolescentes não falam sobre essas situações.

A única preocupação que a adolescente tem é: "Você gosta ou não gosta de mim?" Olha que coisa interessante: a menina pergunta isso. E, como eu falei, o menino pergunta: "Será que eu vou falhar?" Às vezes têm uns que até falam: "Por eu gostar dela, aí é que me ferro todo, porque aí eu broxo mesmo!" Ou: "Doutora, não vejo vantagem nenhuma em gostar da minha 'mina'; eu chego perto dela, já fico tremendo e, aí, eu broxo... A senhora acha que tem cabimento?"

R: Então vamos à área de gênero: o menino só broxa com quem gosta...

A: Exato!

R: E a menina só broxa com quem não gosta. São opostos.

A: Eles inclusive afirmam: "Doutora, com minha namorada, só de olhar para ela, eu não consigo... Agora, com as outras eu consigo ser um atleta sexual... Mas, com ela, fico tremendo e o Zé não levanta; digo para ela que estou com tesão, mas neca de ereção. E aí? E a senhora ainda quer que eu use camisinha... aí é que eu me atrapalho todo de vez. O que a senhora quer que eu faça?"

E eu: "O que você acha que pode fazer? Você tem que treinar bastante, porque seja qual for o esporte, não é fácil: você tem que começar com um aquecimento... Não dá para você começar a correr uma corrida de cem metros rasos sem aquecimento prévio. Ninguém começa nada direto. Você precisa fazer um alongamento, um aquecimento. Tem que se concentrar... Tem que treinar bastante." Na verdade, o que eu quero falar para ele com isso é para ele se masturbar e colocar camisinha.

R: E por que não fala, assim, claro?

A: Porque meu trabalho com os adolescentes é fazer com que eles falem e não eu. E foi um deles que disse: "Já descobri, doutora, eu me masturbo e vou demorando cada vez mais na masturbação e, assim, posso pôr a camisinha." E um outro: "A senhora acha que isso não vai fazer mal?" E eu: "Não faz mal, nenhum!" "E quantas vezes dá para eu me masturbar direto? Umas cinco?", perguntou outro. "É claro que você não agüenta se masturbar por cinco vezes seguidas, seu bobo", respondeu um outro.

Então, eles mesmos é que falam. Desse modo, o que é bastante incrível é que o adolescente sente quando alguém está, de fato, interessado nele. E eu digo a eles, olho no olho: "Por que você tem medo de usar a camisinha? Você falou para o outro médico que usar camisinha é pôr a menina para chupar bala com papel, mas, na verdade, você está é com medo de usar!" "Ah, doutora, a senhora acertou. É isso mesmo!" "Mas você tem medo do quê? De que a camisinha seja muito grande para seu pênis?" "Ah, para mim não é, não!", disse um; "Ah, para mim, doutora, é até pequena", falou outro. Então eu desafiei: "Vamos pôr água nela, para ver de que tamanho fica."

E uma das coisas que eu também falo é que eles não precisam mentir para mim. "Vocês dizem que a camisinha estoura, não é? Eu vou pôr um litro de líquido aí dentro, a camisinha vai ficar pesando muito, mas não vai estourar, querem ver?" Eu ponho e, em seguida, pergunto para eles: "E aí, vocês acham que alguém ejacula mais de um litro de esperma, para que a camisinha possa estourar?" "Ah, estoura, sim!", disse um. "Estoura por causa da unha!", falou outro. E um outro: "Estoura porque enrola!" E eu respondo sempre: "Mas que nada! Só estoura por mal jeito, com desajeitado tudo estoura... estoura o tempo... estoura tudo!"

E, logo depois, eu entro com outro apelo: "A menina também pode ajudar!" "Oh, doutora, a senhora acha que eu vou deixar a menina colocar camisinha em mim? E se eu broxar?" "Se você broxar, ela faz carinho e ele levanta." "Não é que pode ser uma boa idéia! Mas ela não vai rir de mim se eu broxar, doutora?" Aí eu digo: "Se ela rir é porque não gosta de você!" "Bom, isso é verdade!", ele responde; e a questão está encerrada.

6.

Broxar × fingir orgasmo: as zonas erógenas da mulher

A: Nosso trabalho objetiva fazer com que as adolescentes aprendam a agir: "O que você faz quando seu parceiro broxa?" E normalmente elas respondem: "Eu não toco no assunto!" "Tudo bem, mas a única coisa que você não pode falar para ele é que não deu certo, porque isso atrapalha. Então você faz de conta que não tem problema algum, abraça, beija, vai fazendo carinho e, aí, o pênis torna a levantar."

Às mulheres do passado, minhas pacientes, quando falavam desse problema, eu dava uma de compreensiva e dizia: "Tudo bem, da próxima vez você acerta!" Quer dizer, ou você substitui aquela ereção que não deu certo por um afeto que, de repente, traga um clima, ou... não adianta insistir. "Na hora, se você insistir no local, você desvia o eixo. Faça carinho em outro local, invente uma massagem, qualquer coisa, porque como dizia um menino: 'Se a gente está nervoso, não adianta insistir, o cara lá embaixo não obedece.'"

R: O melhor é ele tirar o tesão do "cara lá de baixo" e colocá-lo na cabeça do "cara cá de cima".

A: Veja, veja... o negócio vai da cintura para cima. Se você insistir no território que vai da cintura para baixo; ah, não... aí ele sente a obrigação de manter hora extra, além do horário de trabalho normal. E quando eu converso isso com os adolescentes, as respostas são incríveis. Um deles falou assim: "Sabe, doutora, eu vou falar isso para meu tio. Ele vive broxando, mas ninguém sabe, nem meu pai. Mas para mim ele contou que broxa. Eu tenho medo até de ser parecido com ele, porque ele broxa e a mulherada ri dele."

Então eles falam essas coisas e eu sempre respondo: "Todo homem já broxou; mas não conta." E eles ficam satisfeitos. É muito aquela coisa que as mulheres dizem para mim: "Meu homem broxou!" E é muito interessante quando elas contam: "Ele broxou e eu fiquei sem graça." Ou: "Ele broxou e eu nem olhei." "E aí eu fingi que estava com sono..."

Quer dizer: quando se conta o dia-a-dia, os meninos vão ficando mais tranqüilos. E quando eles sentem naturalidade no falar... quando escutam que todo homem já broxou, dizem: "Ah, doutora..." e eu completo: "E se não broxou, ainda vai broxar!" Aí eles dão risadas. "Então, prepare-se para a sua primeira vez." E a primeira vez é uma broxada... Veja bem: em vez de ficar falando no atleta sexual que eles podem ser, eu falo dos problemas que eles podem encontrar.

R: Falar em atleta sexual é passar um conceito competitivo, machista; falar dos problemas é falar a linguagem da mulher. É o homem que faz propaganda do atletismo sexual: quantas mulheres teve; quantas deu numa noite; quantas, sem tirar de dentro etc. O homem é quantitativo...

A: E quando eu converso sobre isso e o cara fala: "Sabe quantas eu comi numa noite só?" Aí, eu respondo: "O que você tem que perguntar é quantas dessas chegaram ao orgasmo!" "Como?!" "É! Você sabe dizer quando a mulher tem orgasmo? E como é que é?" E aí o cara fica todo embaraçado.

Mas uma das coisas que sempre me irritou foi as mulheres conseguirem mentir para os homens com pequenos gritinhos e gemidos e, com isso, fazer com que pensem que ela teve um orgasmo. E isso também mostra que o homem nunca está atento, e é isso que faz com que a mulher possa fingir um orgasmo e mentir para o homem; agora, uma das grandes vitórias que eu acredito que as mulheres tiveram é a vitória do orgasmo! Porque até 15 anos atrás a quantidade de mulheres que me contavam que fingiam o orgasmo era enorme...

R: Todo mundo fingia...

A: E agora elas estão com raiva de fingir; está diminuindo a porcentagem: "Eu não vou mais fingir, nada... Eu quero mesmo é ter orgasmo!" E o que eu acho inacreditável é como o homem atual não está atento!

R: Como é que o homem pode saber que a mulher gozou ou não gozou?

A: Ele não sabe! Não tem como saber. E o mais extraordinário é que alguns homens "muito espertos" achavam que a mulher ejaculava. Então muitos, principalmente operários e metalúrgicos, diziam para mim: "Minha mulher não gozou." E aí eu dizia assim: "Ah, e como é que você descobriu que ela não gozou?" Aí outro falava: "Mas a minha gozou!" "E você?", eu logo arrematava: "Como é que você tem certeza que ela gozou ou não?"
Essa também é uma pergunta que faço para os adolescentes. Todos eles, operários e adolescentes, sempre respondem: "Ah, ela dá uns gritinhos!" Todos eles têm essa sensação que, se a mulher deu um gritinho, uma tremidinha, uma balançada ou fez um ruído sexual com movimento de corpo, é porque ela alcançou o orgasmo. E existem aqueles que dizem: "A minha ejaculou." Eles acham que a mulher ejacula...

R: Mas a mulher solta um líquido mesmo...

A: São poucas as mulheres que soltam líquido. A verdade mesmo é que elas ficam é mais lubrificadas. Mas a mulher pode não ficar lubrificada e ter orgasmo. O orgasmo é muito pessoal e cada mulher tem seu jeito de tê-lo. Porém, quando uma mulher acha que precisa coletivizar seu orgasmo, aí ela faz com que o parceiro perceba, porque ela também não tem noção de que um dia ela pode ter orgasmo e outro, não, porque tem dias que ela está mais apta para isso.

Agora, a neurose maior é do homem que quer fazer a mulher sentir orgasmos múltiplos e, para fazer a mulher sentir orgasmos múltiplos, o homem precisa estar muito bem preparado. Aí ele fica na fantasia do orgasmo, porque a mulher não tem uma mensuração visível.

R: Você disse que o homem tem que ser treinado para o orgasmo múltiplo. Como é esse treinamento?

A: O que mais deixa a mulher orgástica é ela ser mantida muito aquecida, então, se ela for bem manipulada nas mamas, nas coxas... Eu sempre digo que a mulher tem muitos Pontos G. O Ponto G está em qualquer lugar...

R: Eu já tive inchaço de lábios...

A: ... nos lábios, no nariz, nas costas...

R: A mulher inteira é uma zona erógena. No homem não ocorre isso, não.

A: Os japoneses mostram que a zona erógena da mulher pode estar no pescoço, nos pés, quer dizer, aquilo que eu brinco, que é muito feio, que é o banho-de-língua, deixa a mulher... Se a mulher tomar um banho-de-língua, ou de afeto, ela vai sentir tanto êxtase, que a introdução passa a ser a última etapa.

Mas voltando ao treinamento: o homem, normalmente, não consegue ter esse treinamento; só de ele começar a passar a mão, ele já começa a ter ereção. Mas, respondendo a sua pergunta, Rose, o treinamento seria o homem poder controlar a ereção e poder ir sentindo a percepção do corpo da mulher. Então, essa mulher, acariciada de cima a baixo, quando chega na introdução ela já está lubrificada, ela já gozou na verdade; e aí ele vai percebendo, mas, quase sempre o homem não consegue dar conta dessa percepção. Assim, se ele não for treinado, passa a mão nas mamas e já tem ereção, passa a mão no pescoço e já tem ereção, passa a mão... e já ejaculou!

R: Como é, passo a passo, esse treinamento? Os indianos sabem fazer isso! Eu só queria saber como é que é...

A: Alguns adolescentes e também inúmeros outros homens dizem que existem várias técnicas para reter tanto a ereção pelo corpo da mulher, quanto a ejaculação. Uma delas é a do homem ir passando a mão sem reter a ereção, mas evitando, segurando a ejaculação. Na verdade, não é segurar a ereção, mas a ejaculação.

R: O que é a técnica do tantra ioga, em que a libido vem para dentro da mulher e ela segura o orgasmo? Você já se deparou com algum desses casos?

A: Já. Eu conheço várias mulheres que praticam ioga, tantra ioga, e elas me dizem que não precisam chegar na penetração e que, inclusive, conseguem segurar o orgasmo. E homens também!

É engraçado como os homens vêm e conversam comigo... E eu sempre pergunto: "Me explica como você faz isso, que eu quero também entender para poder explicar a meus pacientes." Então, eles dizem: "Doutora, é muito difícil! No começo, eu logo ejaculava, mas depois fui segurando, segurando, e hoje já consigo segurar o orgasmo com mais facilidade."

Contudo, quanto ao treinamento, na verdade, todos os homens e adolescentes me contaram que a ejaculação vem por fluxos, quer dizer: é como se fosse um espasmo, como se fosse uma vontade de fazer xixi ou defecar, e todo ser humano consegue, é claro, segurar essas vontades. Você treina! Porém, para treinar é preciso ter uma concepção, uma motivação.

R: Motivação, sempre!

A: E que motivação ele tem, quando de fato ele sente a mulher?

R: O êxtase! Quando o homem consegue segurar e a mulher também... e os dois vão juntos ao orgasmo e, se conseguem segurar lá dentro, aí o orgasmo vai para todo o corpo.

A: E o mais grave é que antigamente, quando um casal namorava, havia todo o carinho, todo o afeto, e o homem segurava...

R: E a mulher tinha orgasmo, mesmo virgem...

A: Imagina... Todas as adolescentes e mulheres me contavam que o amasso fez parte da vivência da geração dos anos 1950. Primeiro mexia no peito, no outro dia mexia um pouquinho mais e, no dia seguinte, mexia mais um pouquinho. E ficavam se fazendo todas essas carícias por muito tempo... Hoje, o pior é o descarte, a rapidez do namoro: beijam-se e já saem para a relação. Hoje, dão muito pouco tempo à intimidade para a pessoa conseguir ter o orgasmo.

SEGUNDA PARTE

MULHERES E HOMENS ADULTOS

7.

Relação sexual, libido e masturbação

A: Quando recém-formada comecei a trabalhar em hospitais públicos e passei a perguntar sobre a vida sexual de minhas pacientes, havia uma pergunta que eu sempre deveria fazer: "Como é sua libido?" E fazia parte dessa pergunta uma outra: "Quantas vezes você tem relações por semana?" As mulheres quase sempre respondiam: "Três vezes por semana"; e, a seguir, perguntavam: "Libido?"

Quer dizer: não sabiam o que era libido. Então, eu pensei: nossa, essa pergunta fica muito ruim, se feita dessa forma. Mas ela estava no Protocolo! Isso se mostrou muito interessante, porque, para meus colegas homens, quase todas as suas pacientes tinham libido; quase todas, sim! Mas as minhas quase nunca tinham; e aí eu falava: "Mas como? Como surgem para mim essas mulheres sem libido e para eles não?"

Para eles era assim: elas tinham relação de três a quatro dias por semana, gostavam e tinham prazer. Para mim não funcionava assim. A história era outra: quase todas transavam pouco, não gostavam nem tinham prazer. E eu pensava: será que minhas pacientes são normais? Aí começou minha experiência: iniciou com essa constatação de que comigo o discurso delas era outro e, então, passei a afirmar para eles que minhas pacientes falavam diferente. E aí o negócio esquentou: aquelas que não tinham prazer já vinham direto para mim. Meus colegas médicos já mandavam: "Você que gosta dessas que não têm prazer, então fica com elas."

Eu pensava que era incrível que, para eles, de cada dez, só duas não sentissem prazer, enquanto, para mim, de cada dez, 5, 6, 8, não tinham prazer algum, só dificuldades. Isso fez com que eu entendesse que o modo como eles faziam as perguntas era equivocado. Eles simplesmente perguntavam: "Gosta de transar? Tem prazer?" E isso levava as pacientes a responderem rapidamente: "Tenho", porque elas ficavam com medo, com vergonha...

Então, como eu perguntava para elas: "Conta para mim como é que você vai de amor?" Elas respondiam, sem medo: "De amor, filhinha, estou muito mal. O amor já foi! Quando eu era nova, eu tinha amor! Agora... não acontece nada." Aí eu indagava a seguir: "E como era antes a sua vida?" "Ah, eu chegava perto e já ficava molhadinha; só de ele chegar perto e eu já gostava." E eu tornava a perguntar: "Já ficava molhadinha... E agora?" "E agora? Agora, não tem nada disso" era quase sempre a única resposta.

Eu até demorei um pouquinho para entender, mas as perguntas se seguiram e, um dia, uma delas me disse: "Olha, eu 'me mexo' todo dia, como é que é normal?" "E como é que você se mexe?", foi o que respondi. Aí ela me disse: "Ah, doutora, não vou contar, eu tenho vergonha."

Mas ela, embora reafirmasse a vergonha de falar sobre aquilo, foi perdendo a resistência e começou: "Ah, doutora, para outro médico eu falei que transava três vezes por semana, porque pensei que ele ia achar normal e que se eu falasse que tinha quatro ou cinco transas por semana ele ia achar que eu era uma tarada; mas também se eu dissesse que tinha menos de três ele podia pensar mal de mim."

Eu insisti: "Vamos, conta como é que era!" E ela contou que antes era mais demorado, que ela gostava de beijo e de abraço e que, "agora, tudo era muito rápido". E eu então perguntei: "E você sente saudade?" "Ah, se sinto saudade dos tempos antigos? Sinto, sim." "E como é que você faz agora? Alguma vez você se virou sozinha?", continuei. "Ah, doutora, é cada pergunta que a senhora faz... Mas, para falar a verdade, escondida, uma vez eu me virei sozinha." E eu respondi: "Olha, estou perguntando essas coisas porque sou médica e gosto de saber o que está acontecendo; e pergunto isso a todas as minhas pacientes." "Bem, já que a senhora pergunta para as outras mulheres, eu vou falar também: eu me faço cada coisa... até me viro com o travesseiro!" Aí, eu disse assim: "Ah, é? E como?" "A senhora sabe, eu tenho até um travesseiro de estimação. Mas eu fico com medo, porque às vezes o outro pega e quer saber, então eu fico quieta. Mas sabe, doutora, é bem mais gostoso, porque eu coloco ele bem para a frente e, às vezes, quando o outro me penetra eu não sinto que é tão bom."

Aí eu comecei a explicar que havia dois prazeres: o do clitóris e o de introdução; e disse: "E se você chegar e falar para ele mexer antes em você na frente e só depois colocar o pênis?" Ela retrucou de imediato: "A senhora está louca? Ele nunca vai aceitar uma coisa dessas! Ele vai dizer que eu sou uma sem-vergonha. Não posso falar isso!" Então, por muito tempo eu ouvi falas como essa.

Outra coisa: como elas sabiam de meu atendimento, elas passaram a perguntar: "Será que eu tenho dor porque eu me mexo muito?" Aí não dava para deixar de falar na masturbação. E notei que algumas já faziam isso há muito tempo. Cheguei, assim, à conclusão de que a masturbação era mais freqüente do que se pensava, ela era uma prática escondida.

Havia falas tais como: "Desde pequena eu 'me mexia' e percebi que 'me mexer' era gostoso"; "Ah, eu tinha creme e passava o creme na 'pererreca' e ficava ótimo; creme, óleo, espuma... Depois que fiquei mais velha, passei pro chuveirinho... porque é mais legal com água." E elas iam contando e também, como já sabiam o que eu ia perguntar, já chegavam e falavam: "Eu sei o que a senhora perguntou para minha amiga, eu também vou falar para a senhora: mas comigo é um pouco diferente. Mais de duas vezes por semana, é perigoso eu 'mexer' em mim?" Então, elas perguntam inclusive sobre a quantidade...

R: Posso perguntar uma coisa? Quando eu ia a um médico, eu falava que acontecia comigo algo que me intrigava: ao ser penetrada, não sentia prazer; era preciso que o homem mexesse na frente, como você diz. E os médicos sempre me responderam que existe uma distância entre o clitóris e a vagina, que dificilmente se presta ao prazer quando penetrada; só se você estiver muito excitada...

A: Como eu já disse, a vagina tem em média de 8 a 12 cm...

R: E a diferença entre a vagina e o clitóris, de quantos centímetros é? Uns dois dedos?

A: De dois ou três centímetros da entradinha.

R: Como é que a natureza fez assim?

A: Há muitas mulheres que sentem muito prazer no atrito. Quer dizer: naquelas estocadas que o pênis introduzido faz, entrando e saindo, a mulher sente muito mais prazer, porque o pênis atrita o clitóris. Os grandes amantes, como minhas pacientes me contam, são aqueles que esperam um pouco mais, demoram mais, porque assim vão atritando e lubrificando bastante a mulher.

R: Eles também podem mexer no clitóris, mas é muito difícil encontrar homens que façam isso.

A: E se algum homem sabe mexer no clitóris com seu pênis, estocar, fazer atrito, elas logo dizem: "Ai, doutora, meu amante é ótimo; antes de ele colocar lá, ele ensaia... ele ensaia e fica ótimo." Muitas me falaram isso: "Ele é um grande amante, ele consegue ensaiar bastante para depois colocar."

Mas até eu explicar mesmo qual a diferença entre o orgasmo clitoriano e o de penetração, demorou muito tempo para essas mulheres entenderem qual a diferença entre ambos. E aí eu pude falar para elas fazerem exercícios: principalmente, contrair a vagina, sentadas, de pé... "Como assim, doutora?" E eu repetia para elas: "São exercícios para fortalecer e estreitar a vagina!" Aí elas falavam: "Ah, doutora, isso aí é masturbação." "Nada disso, isso é um exercício para fazer com que vocês possam prender o pênis lá dentro. Os homens ficam loucos de prazer com isso." "Mas não tem problema?", perguntavam. "Não", eu respondia; e elas adoravam.

Agora, as adolescentes de hoje ainda têm muito receio de dizer "eu 'mexo' em mim". Veja, masturbar é ainda um segredo, um tabu...

R: E a palavra masturbar assusta!

A: Assusta, sim. Por isso é assim: mesmo aquela viuvinha mais liberal diz: "Ah, eu; eu não!" Mas, desde que seu marido morreu, ela se vira sozinha. E mesmo que elas tenham um vibrador ou que usem algum outro apetrecho, nossa, o medo de assumir isso é muito grande.

Lembro-me de que uma vez eu estava na televisão e um marido muito nervoso me perguntou ao vivo o que é que ele deveria fazer, já que comprara um vibrador para a mulher e, agora, ela estava preferindo o vibrador a ele!

R: Puxa vida, que maravilha, que bárbaro! Que homem ótimo!

A: E ele, muito nervoso, queria que eu explicasse o que estava acontecendo. E aí vêm aquelas questões; uma outra pessoa que estava ali comigo, outra médica, falou: "Mas por que você teve que comprar? Por que não discutiram mais um pouco sobre o afeto, sobre o que fazer à noite?" E a raiva era de ele ter sido trocado pelo vibrador!

Veja, primeiro as mulheres escondem dos homens a masturbação delas e, segundo, outra coisa muito interessante acontece quando as mulheres descobrem que seus homens se masturbam em vez de transar. Aí ficam iradas! Muitas mulheres se queixam comigo no consultório: "Sabe, doutora, o que ele faz? Bate punheta! Prefere isso a transar comigo!" Então, elas se mostram muito tristes com essa descoberta; ter conhecimento disso faz com que pensem que os maridos não querem transar com elas. "Ele não quer transar comigo, por quê?"

É como se fosse uma troca; quer dizer, é uma troca. Elas são traídas. Elas têm a sensação da traição...

R: Mas por que o homem se masturba? Por que a mulher precisa se masturbar, eu entendo; porque o clitóris está lá em cima e ninguém sabe que a glande está cá embaixo.

A: Eu acho que a masturbação do homem dá uma potência de controle...

R: Mas a sensação é mais forte, não é?

A: É, sim, porque essa sensação não exige uma parceria, quer dizer, o indivíduo sente-se potente sozinho... Mas também é uma preocupação o porquê de ele necessitar dessa solidão, de ele não conseguir dividir o prazer por dois. Quer dizer: também é preciso repensar isso.
Mas se a mulher descobre que ele prefere se masturbar a transar com ela, nossa!, ela fica mais irada do que se descobrisse que ele tinha uma amante.

R: Ah, meu Deus! Que engraçado.

A: Veja: a masturbação solo feminina é mais sofisticada, não tão mecânica como a masculina. A mulher coloca em si todos os tipos de objetos, desde os consolos à venda *nas melhores casas do ramo*, a lápis, garrafas, legumes, rolos de plástico, de papel... Por exemplo, é muito comum o uso dos frascos de desodorantes em bastão. Quase todos têm o formato do pênis, então, as mulheres muitas vezes se masturbam com eles...

R: Nossa!

A: Elas até dizem assim: "É legal; nem fica cheiro." Mas o que acontece de se colocar coisas? Muitas vezes ocasiona um corrimento de corpo estranho, que é um corrimento que fica acinzentado e malcheiroso. E a mulher toma remédio, toma remédio, e ele não melhora. Então, faz parte da investigação, principalmente quando a mulher é adolescente, perguntar sobre masturbação com pequenos objetos, botões, tampas de caneta, lápis... E o lápis é dos mais comuns.

Mas, então, fica aquela culpa, porque ela imagina: se masturbou, gostou e, depois, veio o corrimento. Foi Deus que castigou e mandou essa doença. Essa é a situação. E é isso o que ela pensa.

Eu sempre tento modificar essa situação. Começo a acobertar e pergunto: "Você acha realmente que faz mal?" "E não, doutora?" Aí eu levo minha paciente a dialogar sobre prazer. Quer dizer: na cabeça dela tudo que sente como anormal está ligado à masturbação e esta é que causa as doenças. E, por fim, um exemplo: o corrimento é comum em todas as fases da vida das mulheres, com ou sem relação sexual; mas se elas se entregam à masturbação e o corrimento aparece, pronto, aí vem a culpa.

Uma outra idéia tola é que a masturbação faz crescer os pequenos e os grandes lábios. E aqui, precisamos voltar à adolescência: como nesse período os pequenos lábios ficam escuros e começam a crescer, é normal as adolescentes verem isso como uma anomalia e, aí, ficam neuróticas, acham que é castigo mesmo.

Aos 12 anos, a questão hormonal começa também a fazer os grandes lábios crescerem e, aí, as meninas ficam mais neuróticas ainda, sentindo que receberam um verdadeiro castigo, porque acham que eles vão crescer tanto... que vão se transformar numa bolsa escrotal.

R: Que loucura!

A: E também já aconteceu de mulheres adultas acharem que o clitóris vai aumentar mais do que o normal. "E o meu clitóris, doutora, se aumentar, eu vou virar lésbica?"

R: Mas as lésbicas têm o clitóris grande também, não é?

A: Não! Não todas. Imagine: eu tenho várias pacientes com os clitóris normalíssimos e são lésbicas. Isso é uma crença sem fundamento.

8.

Tesão, artifícios médicos, exercícios vaginais e vaginismo

R: Albertina, eu queria ter certeza de uma coisa: o estrógeno aumenta a libido? Ele põe água no corpo?

A: Eu diria que a mulher que estiver bem de saúde, teoricamente sem doenças e saudável física e psicologicamente, estará mais disposta ao prazer; mas quanto à mulher amargurada, não há hormônio que tire a amargura. Então é parar de mitificar os hormônios como sendo a "salvação" do tesão da mulher, o Viagra da mulher. Além disso, este medicamento está sendo consumido por homens de todas as idades...

R: Até por jovens...

A: ... porque ele está muito localizado na ereção; então isso é mal-entendido, porque, quanto mais ele fica centralizado na ereção, menos faz esforço para levantar qualquer coisa, levantar afeto, levantar carinho, levantar os olhos para a mulher, não é? Este homem, eu digo sempre, que está à procura de ser um atleta sexual, deve colocar uma prótese. Então, ele poderá levantar o pênis com uma bomba... E hoje já existem próteses bastante sofisticadas.

Então, aquele homem que levanta o olho, levanta o afeto, levanta o carinho, passa a mão, e se ele não tem condições de ereção, com certeza o Viagra é uma grande conquista e, até, em alguns casos a própria colocação de prótese, se a pessoa quiser, também é.

Acontece, porém, que o homem não se cuida e já vai direto para a prótese, ele cai numa frustração enorme, porque ele não exercita nenhum carinho. Se com esse homem, que é tão centrado no externo, na ereção, acontece isso, imagine com a mulher... Para a mulher é totalmente impossível se pensar que ela vai precisar de uma prótese vaginal.

R: Ah, precisamos sim: nós precisamos de uma "prótese" vaginal que são os exercícios.

A: Isso, sim! Mas, primeiro, com certeza, a grande queixa básica das mulheres é o namoro. Isso em todas as idades. E as mulheres da terceira idade referem-se a seus parceiros como se eles estivessem diabéticos, hipertensos, e, por isso, com menos vontade de terem relação.

Na verdade, o homem fica com tanto medo de broxar e de não conseguir manter uma relação, que ele não chega perto. A mulher chega e diz: "Vamos dançar?" E ele logo responde: "E depois, o que você vai querer? Eu não vou dar conta!" E, aí, a mulher acaba percebendo que ainda pode ter prazer. Outra coisa: a mulher da terceira idade aprendeu a se tocar!

R: A se masturbar!

A: Eu não diria assim. Masturbação, como já disse anteriormente, é um termo muito pesado. Mas a mulher aprendeu a se tocar e a exigir o toque. Ela quer o toque. E mesmo que o homem não a toque, ela sabe que, sendo tocada, vai ter prazer. Isso é que é importante. Ela chega e diz assim: "Olha, doutora, ninguém põe a mão em mim. O meu homem não põe a mão nos meus seios, mas eu sei que se ele roçasse os meus mamilos eu sentiria prazer." Há quarenta anos, isso era inconcebível de ser falado. Mas, hoje, todas falam.

Então, uma mulher de terceira idade, mesmo que tenha as mamas caídas e sem tônus, essas mamas reagem; ela sente prazer. E ela também sente prazer em outras partes do corpo: no rosto, na boca, na orelha, no pescoço, que é uma área erótica, como afirmam os japoneses...

R: E o que se faz com o pescoço?

A: Os japoneses tradicionalmente mandam cobrir o pescoço, porque consideram sua exposição ato de oferecimento e de provocação. Inclusive, para algumas mulheres, passarem a mão em seus pescoços ocasiona-lhes uma sensação incrível...

R: É verdade!

A: E por que isso? Porque nessa região localizam-se zonas importantes..

R: Nela está a garganta; e ela se contrai...

A: Se alguém lesar o pescoço, se lesar a enervação que existe nele, fica tetraplégico.

R: Vou dizer uma coisa: conheço pessoas que quando têm orgasmo, contraem intestinos, estômago, esôfago e a garganta.

A: Essa região do pescoço e, principalmente, a dos lábios vem sendo muito esquecida. As mulheres se queixam que o beijo deixou de ser usado por muitos casais. Muitos casais não se beijam e, mais do que isso, não usam a boca como instrumento de prazer. Um beijo no pescoço, passar a mão no pescoço ou mesmo no rosto... Sim, a região perto dos olhos, perto do nariz, é de uma sensibilidade fantástica. Então, você poder, com a mão, alisar o rosto de uma pessoa faz com que essa pessoa vibre toda.

E também toda a região das costas, das virilhas e todas as áreas das articulações são propícias aos carinhos, porque todas elas têm uma carga grande de enervação, assim como a vagina, cujos músculos formam o que nós chamamos de assoalho pélvico, uma sustentação muscular. E aí temos um músculo que é o músculo elevador do ânus, que pega desde a pelve e transpassa a região anal. Esse é um músculo que contrai o ânus e a vagina juntos. E é um músculo tão poderoso que, quando a mulher vai dar à luz, fazendo força, é esse músculo que vai ajudar na expulsão do bebê. E, da mesma forma que essa musculatura ajuda a pôr para fora o bebê, ela também ajuda a segurar as fezes nos intestinos, assim como a urina na bexiga.

R: E, para fortalecer essa musculatura, a mulher tem que fazer exercícios de contração vaginal? E aí ela tem que contrair um número certo de vezes? Quantas? Cerca de dez?

A: Ela pode contrair até cem vezes. Mas assim: eu diria que ela deve contrair nas mais diversas posições. Primeiro sentada: com as pernas fechadas ela contrai dez vezes; depois, ela meio que abre as pernas e contrai outras dez vezes; aí ela abre mais ainda as pernas e faz outras dez contrações. Em seguida, ela faz as contrações de pé. E faz a mesma coisa: com as pernas fechadas, meio abertas e bem abertas; dez contrações em cada posição e por aí vai... de cócoras, deitada, enfim, em todas as posições que ela utiliza em suas relações sexuais, ela deveria exercitar as contrações.

R: E isso dá uma maior possibilidade de orgasmos?

A: Na verdade, isso dá mais tonicidade. Inclusive, ela pode contrair por meio de ondas, como se fosse uma sucção. E, quando ela for penetrada ela pode contrair e soltar, como se estivesse fazendo uma massagem no pênis.

R: E o que você me diz de exercícios com bolinhas?

A: Algumas mulheres, como as tailandesas, as indianas e as gueixas, de quem falam tão mal, mas que não passavam de mulheres preparadas para o prazer, jamais prostitutas, têm o costume de se exercitarem com aros, um maior e outro menor. Elas apertam esses aros dentro da vagina, com o intuito de fortalecer as contrações.

Na falta desses aros, a mulher pode ir usando bolinhas com um diâmetro inicial de uns dois centímetros e ir aumentando o diâmetro, até chegar ao de um pênis. Primeiro ela tem que colocar com cuidado e prender e, no fim, se a bolinha não sair com facilidade, a mulher tem de usar a mão para tirá-la.

R: E essas bolinhas são de quê?

A: Há várias, desde sachês plásticos de sabonete, tipo amostra grátis, a diversos óvulos vaginais que se compram em farmácias e outras esferas encontradas nos mais diversos locais, como *sexshops*. Inclusive, e isso não é caso de mulheres normais, eu já vi quem fizesse esse exercício com bolinha de pingue-pongue.

R: E esse exercício é para ser feito com a mulher deitada?

A: Sim, deitada, na posição ginecológica. Mas, se ela não sair, você tem que ficar de cócoras e tossir para que ela saia. Por isso é que eu digo que com o óvulo vaginal é mais fácil, porque se ficar lá dentro, não tem problema algum.

Outra situação também comum é que algumas mulheres fazem exercícios com próteses penianas. Muitas mulheres com problemas de vaginismo usam esse expediente. Mas é necessário usar a prótese menor: introduzir, prender e soltar...

R: E o vaginismo que já é uma contração, não? Nele a vagina fica fechadinha e não entra nada? Como ele é tratado?

A: O vaginismo clássico é a dificuldade de entrada na vagina. Ele pode ser psicológico ou físico e é muito difícil de tratar. Pode ser causado por trauma ou doença; às vezes até uma cauterização pode ocasionar esse quadro. Assim, a mulher com vaginismo deve ser examinada de forma física e psicológica.

Durante muito tempo o tratamento se resumia à mulher tentar introduzir um pouquinho o dedo indicador para ver se conseguia penetrá-la e se conseguisse, ia tentando introduzir mais e mais para aumentar a penetração. Mas se a mulher quiser um exercício mais eficiente, ela introduz o dedo na vagina e tenta apertar e soltar e, assim, perceber a contração dela, porque, ao apertar, ela sente sua contratura vaginal.

Ela também pode usar uma prótese de borracha pequena e tentar uma penetração bem devagarinho. Ela inicia devagar, tenta colocar, dá uma paradinha, recomeça e por aí vai... Essa prótese, um pênis de borracha, o menor deles, pode ser comprada em *sexshops*.

R: Outra coisa: existe mulher sem vagina? É possível isso?

A: Bom, existem mulheres que nascem com agenesia de vagina... Isso é uma má-formação.

R: Elas não menstruam?

A: Algumas nascem sem útero e sem ovários; só urinam. Outras nascem com útero e com ovários, mas têm a vagina atrofiada...

R: E o que acontece com os corrimentos e a menstruação?

A: Esses são riscos que a mulher corre, porque ela pode ter o hímen perfurado ou totalmente fechado e será necessário saber se ele é um septo do hímen, se é um estreitamento de canal ou, mesmo, a ausência do canal vaginal. E agenesia de vagina é a ausência desse canal.
Isso significa que nesse caso a mulher tem o colo do útero, mas não tem por onde deixar sair a menstruação. Então é necessário um diagnóstico precoce, porque quando essa mulher começar a menstruar, ela pode até morrer, se não for tratada a tempo. Mas, normalmente, ela sente contrações, dores, e é possível, então, diagnosticar a anomalia. Nesses casos de falta de vagina, são feitos um furo e um túnel revestido com o tecido da barriga...

R: E essa mulher pode casar?

A: Depois que fizer esse tipo de tratamento, pode sim.

R: Que coisa estranha é a natureza, meu Deus!

9.

Mulher fria engravida? A ingestão indevida de hormônios por homens e mulheres e a motilidade do espermatozóide

A: Entre as mulheres populares, quando eu falei que as vaginas tinham o tamanho de uma cenoura pequena; que o útero era do tamanho de uma pêra, de um chuchu pequenininho; e que os ovários tinham o tamanho de um limãozinho... elas se irritaram. Mas o que mais as irritou foi eu dizer que a trompa que carregava o óvulo era como um macarrão. E quando eu disse que o espermatozóide ia lá em cima e se encontrava com o óvulo no meio da trompa, também isso foi causa de muita surpresa.

R: Eu sempre achei que o óvulo ficava lá em cima nos ovários e que os espermatozóides tinham que andar pela trompa inteira.

A: Não, eles andam até a metade só; os óvulos têm que caminhar também. Porque, se o óvulo não caminhar, ocorre uma gravidez nas trompas.

R: O óvulo caminha enquanto a gente vai sentindo tesão?

A: Existem muitas mulheres que têm uma ovulação tão grande, têm um tesão tão grande, que são capazes de ovular fora de época...

R: Quer dizer que a mulher que é fria não tem filho?

A: Não, isso não é verdade. Nas situações de estresse ou se a mulher foi estuprada ou até se ela estiver muito triste, chateada, aí ela não é muito seletiva na questão da ovulação. Isto é, também nas situações de estresse a mulher pode ovular fora de época. Então, ela pode tanto sofrer por amor, quanto gozar por amor; e, em ambos os casos, ovular.

R: Bem, o que eu estou perguntando é o seguinte: o que faz uma mulher fria? Ou melhor, quando a mulher não tem orgasmo, ela tem maior dificuldade em ter filhos ou uma coisa não tem nada a ver com a outra?

A: Não, não tem. Há muitas mulheres frias que têm um filho após outro. Agora, eu acho que existe muita culpa. Toda mulher que quer muito ter um filho e não consegue se atrapalha, porque existe um hormônio chamado prolactina que é liberado nas situações de estresse.

Certas mulheres, inclusive, têm tanta obrigação social de ter filhos e são cobradas por isso como se fossem máquinas de produção. Desse modo, toda vez que querem engravidar, saem fazendo tratamentos exaustivos e tudo o mais, porque têm medo de não engravidar e, já que são cobradas, acham que precisam ficar grávidas naquele dia, naquela hora. Assim, elas (seus organismos) se atrapalham e não ovulam naquele mês, porque passam a ter dificuldade em liberar os óvulos; os folículos não os liberam. Ou também podem, pelo medo de uma gravidez, descontrolar a emissão da prolactina e virem a engravidar mais facilmente.

R: Puxa, que coisa impressionante!

A: É muito comum a mulher se atrapalhar... Melhor dizendo: mulheres que fazem verdadeiros tratamentos, ou mesmo fertilização *in vitro* e ainda assim não conseguem engravidar, em geral é porque o óvulo não encontra o espermatozóide, pois elas criam verdadeiros anticorpos ou, simplesmente, porque essas mulheres não conseguem liberar o óvulo, já que os hormônios da prolactina, que estão muito ligados ao estresse, alteram-se.

R: O que você quer dizer com isso de os hormônios da prolactina estarem ligados ao estresse? Quando tem estresse não tem prolactina?

A: A prolactina possui um nível cíclico. Ela aumenta e abaixa durante todo dia.

R: É como uma roda...

A: Sim, é como uma roda. Interessante, ninguém antes fez essa comparação. Por isso é que você é a Rose... Então, como uma roda ela gira para lá, gira para cá e se atrapalha. São as emoções, a luz, o som, o estresse, todas as situações de dificuldade, que vão diferenciar uma mulher da outra. A mulher pode ovular ou deixar de ovular em situações de anormalidade; tanto a mulher acuada quanto a extremamente feliz podem ter problemas de ovulação. Diferentemente do homem que mesmo em situação de estresse pode ejacular. Ele pode até não ter ereção, mas, caso se masturbe, os espermatozóides saem. Os espermatozóides não são seletivos; já a mulher seleciona os óvulos.

R: Agora eu queria perguntar outra coisa que vi na emissora BBC: esses estrógenos artificiais que vêm nos fertilizantes, na cerveja em lata e nos enlatados em geral diminuem o número de espermatozóides?

Eu assisti a um vídeo da BBC — as companhias de fertilizantes, como a Monsanto, conseguiram proibir sua exibição — que mostrava que os homens férteis da geração de 20 e 30 anos têm a metade dos espermatozóides dos homens férteis da geração de 50 e 60 anos, porque consumiram, na infância, muitos enlatados, muitos produtos com fertilizantes químicos; e relataram ainda que, quando a quantidade de espermatozóides no homem chega aos 20 milhões, ele se torna estéril. É verdade isso? Eu fiquei impressionadíssima!

A: Você sabe que esse tema exerce um fascínio enorme. Mas você sabe também que toda pesquisa tem patrocínio e que é muito difícil, mesmo nas universidades sérias, obter patrocínio para ir contra determinadas situações existentes; mas nós já sabemos, por exemplo, que as meninas que comiam frangos engordados com hormônios menstruavam mais cedo. Isso, nos anos 1970, quando fiz minha primeira tese. Já nessa época, detectei diversas adolescentes com puberdade precoce. De que região elas eram? Das regiões agrícolas, onde havia muito frango engordado com hormônios. Então, para mim, ficou provado que a ingestão indireta e artificial de hormônios acelera a puberdade.

R: Nos homens, também?

A: Se nas mulheres essa ingestão indireta de hormônios traz a menstruação precoce, com certeza, então, para os homens, a ingestão de anabolizantes ou de estrógenos, hormônios que hoje, não tenho dúvida, também estão nos frangos, na carne e em inúmeros outros alimentos e produtos, traz a mesma conseqüência. Veja, Rose, existem pesquisas mostrando que os bronzeadores artificiais, que têm estrógenos, introduzidos no corpo das mulheres faziam as mamas crescer, imagina...

R: E os homens?

A: Aí é que está: essas pesquisas ainda precisam ser feitas.

R: Elas já existem! Eu mesma vou lhe dar uma cópia do vídeo de que lhe falei...

A: Eu não tenho dúvida de que já existam pesquisas sobre o glozipol, por exemplo, que é uma substância encontrada na semente do girassol, provando que ele esterilizava os homens, porque inibia a produção de espermatozóides. Então, os homens que trabalham em sua colheita sempre ficam esterilizados, e as primeiras pílulas anticoncepcionais que foram desenvolvidas usaram glozipol.

Agora, outra coisa que considero muito séria: hoje, nós sabemos que existe o *doping* para aumentar a massa muscular, principalmente dos homens. Os homens tomam hormônios, como testosterona, e, depois, para "equilibrar" o tesão, porque têm medo de que a ereção não ceda, tomam hormônios de ovulação; hormônios que são usados para as mulheres que não ovulam. E até existem homens que estão tomando hormônios femininos cíclicos, estrogênicos, para ter peitos.

Assim, as musculaturas só podem ser conseguidas pela ingestão ou de hormônios de testosterona ou de esteróides ou, mesmo, de anabolizantes. Mas, como os anabolizantes diminuem a ereção, junto com eles os homens tomam testosterona para, como já disse, "equilibrar", e, depois, também tomam os hormônios de ovulação na dose exata para tal. Existem mães de adolescentes que vieram me perguntar: "Doutora, peguei isso na mochila do meu filho. A senhora sabe o que é?"

E, hoje, muitos adolescentes, na busca de terem músculos trabalhados, tomam testosterona, anabolizantes e hormônios femininos, como se fosse num ciclo: 15 dias para os hormônios masculinos e, depois, o feminino, que é, como disse, utilizado como contrapartida, como equilíbrio.

Então, os hormônios femininos tiveram uma mudança de eixo: já não são tão usados pelos travestis, que, hoje, têm acesso ao silicone, à plástica, isto é, que estão com um leque de opções bem maior. E são os heterossexuais, aqueles homens que querem ser "os machões", que atualmente estão se apoderando do uso dessas medicações para mulheres e nós não sabemos qual é o efeito definitivo que elas podem causar.

A: Outros problemas importantes, com os quais ninguém está se preocupando, são a motilidade e as alterações de fluxos e odores: hoje, muitos homens usam calças apertadas, mesmo nas temperaturas elevadas do verão. Isso se traduz num inevitável estresse que, somado à alimentação inadequada, faz com que muitos espermatozóides fiquem imobilizados.

Agora veja bem qual é a problemática: os homens não usam mais a cueca samba-canção e, sim, sungas apertadas, de Lycra na maioria das vezes, o que causa o aumento da temperatura local, ocasionando alteração no estado natural dessa área importante do corpo humano: a região pélvica.

R: E aquelas calças apertadas dentro da vagina, aquilo dá uretrite?

A: Já sabemos que as fitinhas, os fios-dentais, são fatores de atrito, de infecção, já que abrangem a vulva, a uretra e o ânus, fazendo uma ponte; e os tecidos sintéticos, que cada vez mais as meninas vêm usando, são antitranspirantes. Então, muda o meio; o pH vaginal fica alterado.

R: Só devemos usar algodão: cuecas e calcinhas de algodão...

A: Como já disse, a alimentação também influi. Sabemos que as mulheres produzem dois tipos de substâncias que ajudam no equilíbrio vaginal: o acidoláctica e lisosima. Essas duas substâncias são como enzimas e se ligam a uma outra, o glicogênio, que, por sua vez, também se liga às vitaminas A e C, promovendo a defesa vaginal. Mas as dietas atuais estão muito pobres de vitaminas A e C e, principalmente, adotam uma grande ingestão de açúcares e de refrigerantes, resultado da mudança alimentar pela qual o mundo passou na última metade do século XX.

Hoje, inclusive, as pessoas passam muito tempo sem se alimentar, criando períodos de glicemia, que logo compensam com a ingestão de carboidratos. Esse tipo de alimentação influi no pH vaginal, na medida em que altera os odores e fluxos naturais. Atualmente muitas mulheres adotam diversas formas de conter a menstruação, além dos perfumes vaginais... Desodorantes íntimos que dificultam a emissão de seus odores e isso mostra que somos os únicos animais que conseguem modificar seus próprios cheiros totalmente e de várias maneiras.

R: E quando dificulta, o que acontece?

A: Veja: as mulheres têm diversos parasitas da flora vaginal, isto é, o meio líquido vaginal tem vários microrganismos e o próprio uso desses miniabsorventes, tipo Care Free, causa um efeito tipo estufa e os vários elementos normais tendem a se modificar, porque é como se fosse uma água que, por não se movimentar, fica imprópria, choca, nada mais sendo do que água parada; e isso, na verdade, modifica esses microrganismos que constituem a flora vaginal.

R: E os feromônios?

A: Ahhh, são os odores femininos pelos quais as mulheres atraem os homens, principalmente na época da ovulação; e, se não for intenção de uma mulher atrair os homens, ela tem que colocar muito perfume para disfarçar a emissão desse odor característico.

10.

Testosterona e agressividade

R: Eu tenho uma amiga, uma cientista social e grande mulher, que deve ter um problema de aumento de testosterona. Ela tem barba e um tesão incontrolável. A barba ela raspa e o tesão, ela diz, acontece independentemente de quem seja a pessoa. Já eu, por exemplo, somente tenho tesão por certas pessoas, mas há mulheres que têm tesão como homem, como macho... Penso que essa minha amiga deve ter um nível alto de testosterona; será isso?

A: Olha, eu já vi muitas pacientes com o nível de testosterona alto sem nenhum componente mais masculino...

R: Essa minha amiga também é muito competitiva...

A: O que acontece é o seguinte: a testosterona dá mais agressividade. Tive uma paciente criança com aumento do nível de testosterona, por um distúrbio da suprarenal, a menina batia nos meninos e o pai estava satisfeito com essa disfunção, porque assim ela virava homem.

R: Ah, isso é importantíssimo. Então, será que a menina ou a mulher mais madura que gosta de "galinhar" — igual ao homem que, quando rompe uma relação, vai e "galinha" —, será que elas têm mais testosterona do que aquela mulher que fica em casa, de luto, porque perdeu um amor; porque para elas não tem essa de amor, vão porque têm tesão físico? E isso, numa abordagem de gênero, não é coisa do macho? Não consigo ir para a cama assim; o tesão é necessário, sim, mas por si só não é suficiente.

A: Seria muito simples se só a testosterona fosse responsável por tudo, porque assim faríamos um "testoterômetro" e alteraríamos os níveis hormonais e não haveria mais problemas. Na verdade, é bem maldoso atribuir à testosterona todos os problemas da mulher em relação à agressividade ou mesmo à sexualidade.

É claro que, quando a mulher tem um distúrbio hormonal, ela pode diminuir ou aumentar seus tesões, mas até onde isso é físico ou é psicológico? Essa é uma fronteira muito tênue. Na gravidez, por exemplo, há um equilíbrio hormonal diferente. Então, nas mulheres grávidas, 5% delas aumentam seu desejo, 25% ficam com o desejo igual e 70% ficam com menos vontade de ter relação. Talvez porque seja esse um momento em que ela está tão mexida, porque ela vai dar à luz; então, esse é um momento de criação, em que a função de maternidade se torna predominante, jogando para segundo plano as outras emoções.

R: Isso faz com que ela mude de freqüência, não?

A: Muda, sim! Vai para uma outra freqüência e, pela própria condição feminina, ela precisa ter uma freqüência ligada para poder responder. Agora, uma mulher com os hormônios normais, se ela estiver numa situação ou de luto ou de não aderência a uma dada situação, mesmo diante do homem mais lindo do mundo, ela pode não querer nada. Quer dizer: ela, mesmo com a testosterona aumentada, estando diante de um homem de quem ela não gosta, não é por isso que ela vai ser neurótica, ou afoita, e agarrar esse homem.

R: Eu estava aqui, doidinha para saber isso. Trata-se de outra amiga que perdeu o desejo completamente e me disse que, para ela, a grande mulher já se foi. Ela está hoje com 60 anos. Então eu pensei: será que os níveis de testosterona dela estão certos?

A: O que pode estar acontecendo é o seguinte: ela está com os níveis de hormônios tão baixos, tão baixos, que chega a ser quase infantil e, às vezes, a mulher na menopausa tem níveis de hormônios semelhantes aos de uma criança. Mas, equilibrando esses níveis, ela pode melhorar muito.

Acompanho casos de mulheres a quem até recomendo uma reposição hormonal adequada; mas aí aparece um problema, porque essa reposição é como um fermento. É como um doce que você vai preparando: tem que seguir uma receita exata!

R: Deixa eu dizer mais uma coisa sobre ela: essa minha amiga se queixava de tédio na juventude. Então pode ser um problema de cabeça, não?

A: Neste caso é o seguinte: também é possível que, mesmo com a correção hormonal, ela continue sem vontade. Quer dizer: eu gostaria muito, repito, como ginecologista, que todos os problemas das mulheres fossem hormonais, porque era só fazer uma lista de reposições e melhorava tudo. No entanto, mesmo melhorando os hormônios, as mulheres psicologicamente podem sofrer de falta de desejo.

R: Mas, enfim, há quem defenda que só o homem tem prazer, porque o hormônio do prazer é a testosterona e só o homem tem testosterona, mas ele também, normalmente, é superagressivo.

11.

Suspensão da menstruação, menopausa e reposição hormonal

A: Já mantive alguns diálogos com um determinado médico sobre o Prazer x Testosterona e outros temas e uma das grandes discussões que tivemos foi sobre a suspensão da menstruação. Na época, meu debatedor foi incoerente. Ele pedia para suspender a menstruação; mas, se a menstruação pára, a mulher fica na menopausa e, se ela fica na menopausa, seus hormônios vão se alterar. Isso faz com que as mulheres não tenham desejo. É isso que se espera?

E a coisa mais séria que eu vejo é que mexer com a função hormonal traduz uma situação histórica, porque as mulheres menstruaram durante milhões de anos. Isso também não está comprovado cientificamente nem nos animais: ao contrário castrar os animais faz com que eles engordem e fiquem menos agressivos para que haja uma conduta de comportamento mais afável para seus donos. É isso que se faz com os animais.

Agora, quando essa teoria, que não é brasileira, foi apresentada num Congresso Mundial em Cingapura em que eu estava presente, os cientistas se retiraram da sala...

R: Maravilha!

A: E eu já disse isso em rede nacional de televisão em um programa do Amaury Jr. Uma posição difícil, mas disse e repito que estava lá em Cingapura, quando propuseram pela primeira vez a hipótese da suspensão da menstruação, por ser considerada "uma sangria desnecessária!"

De antemão, já sabíamos todos, claro, ser possível, sim, suspender a menstruação por tratamentos, como o do caso de endometriose, isto é, o deslocamento do endométrio, existente em 5 a 8% das mulheres e que, hoje, acredita-se que atinja 10% delas.

R: Do endométrio ou do útero?

A: Não, do útero, não! Do endométrio, que é o tecido interno do útero. A endometriose é a existência desse tecido interno do útero fora de seu lugar, espalhado por diversas partes do corpo, especialmente na região pélvica, podendo até ser encontrado na gengiva.

R: E o que isso ocasiona?

A: Ora, a mulher menstrua fora de lugar. Por isso é que se chama endometriose. Quer dizer: tecidos anormais que aparecem e fazem um ciclo. Assim, para evitar esses falsos tecidos, à paciente se dá uma medicação que bloqueia a menstruação. Mas veja bem: esse tratamento deve ser usado de seis meses ao máximo de um ano e meio. Depois é preciso também, durante o uso dessa medicação que é específica, um controle médico rigoroso.

A mulher que usa essa medicação deve ser acompanhada por um médico e, muitas vezes, ela se queixa de aumento do peso, da diminuição dos seios... Veja bem: esse é um tratamento! Ele é conhecido e necessário, da mesma forma que seria preciso tirar um dente que não tem como ser restaurado.

Por outro lado, suspender a menstruação como uma conduta, o desejo da mulher querer menstruar ou não, não pode ser tomado como mera opção sexual. Menstruar ou não com certeza não é uma opção sexual, da mesma forma que não seria uma opção cabível a seguinte ordem: "Tira meu estômago que eu vou me sentir melhor." Ou: "Tira meus rins!"

A menstruação, então, é um processo de filtração: começa na hipófise, vai para o útero; tem o ciclo na vagina, o ciclo uterino, o ciclo hormonal do corpo inteiro. E se a mulher, com uma medicação, bloqueia a menstruação, esse bloqueio será externo, sem os necessários recursos psíquicos normais. Isso é diferente da ausência de menstruação de uma mulher que engravida. Essa, sim, fica nove meses sem menstruar por motivos psíquicos. Trata-se de um outro ciclo, uma outra freqüência, um ciclo que vai gerar uma vida. Então, é uma audácia científica se oferecer a uma mulher esses remédios, cujos recursos e resultados ainda não têm comprovação.

Assim, a discussão é a seguinte: só se dá medicação para a mulher não menstruar caso ela efetivamente estiver necessitando desse tratamento, porque tem, por exemplo, de controlar seu colesterol, tem de controlar a glicemia, controlar os triglicerídios, o peso, mas com a proposta de ela, com o tratamento, voltar ao normal.

Agora, caso se proponha a essa mulher que ela não menstrue, por uma questão de opção, por cinco, seis anos, não há como garantir que nada de mais poderá acontecer em seu útero...

R: Deixa eu perguntar uma coisa: as freiras salesianas me disseram que as índias, quando menstruam, passam um dia menstruadas e depois tomam chás e não menstruam mais. Isso se encaixa nesse caso?

A: O que eu conheço das mulheres indígenas é que algumas delas introduzem, como anticoncepcionais, plantas na vagina e ingerem chás que fazem com que fiquem até dois anos sem menstruar.

Mesmo nessas mulheres seria necessário fazer uma pesquisa hormonal para se saber o que está acontecendo. Não é possível pensar diferente. Mas tanto há mulheres indígenas que não menstruam quanto as que menstruam. Sabemos também que algumas amamentam durante sete, oito anos e outras não. Com isso, elas podem ter o hormônio da prolactina estimulado, mas, certamente, têm uma vida totalmente diferente da vida da mulher "civilizada".

As mulheres antigas, inclusive, ficavam pouco tempo menstruadas; porque tinham vários filhos...

R: As famílias eram enormes!

A: No entanto, considero perverso iludir uma mulher com um modernismo e dizer para ela que é feio, sujo, ou coisa do passado, menstruar! Então, minha posição é a seguinte: se daqui a trinta anos chegarem para mim e provarem que é benéfico não menstruar, que é um avanço científico comprovado, eu serei a primeira a aprovar esse novo método como um benefício para a mulher, mas nós ainda estamos no início dessa experimentação e, por esse método ser conhecido há tão pouco tempo, ainda existe muito para se descobrir sobre ele....

Dessa forma, as pessoas que incentivam as mulheres de 20, 30 anos a pararem de menstruar são as mesmas que afirmam que na menopausa a mulher deixa de sentir desejo, prazer, ou que a mulher fica sem cheiro, porque seus hormônios ficam alterados. Como mencionei antes, sem a menstruação, o que existe é a menopausa. E toda a moderna tecnologia está trabalhando com a reposição hormonal para fazer com que as mulheres tenham menos incômodos com a queda hormonal. Hoje, com todos os medicamentos, com a soja e tudo o mais, os tratamentos tendem a favorecer as mulheres para que essa queda hormonal não seja tão brusca e possa trazer uma melhora na qualidade de suas vidas.

Quer dizer: existe uma incoerência! Ao mesmo tempo que preconizam a parada da menstruação para a mulher mais jovem, incentivam também a reposição hormonal, como o melhor tratamento, para a mulher de mais idade, utilizando desde hormônios fitoterápicos, a dosagens diversas de hormônios farmacológicos e, até mesmo, recomendam o uso de soja para que a mulher tenha mais conforto durante a queda hormonal; certamente, conclui-se que aos 20 anos seria uma ameaça a mulher parar com sua menstruação.

R: Vamos agora a um aspecto diverso do abordado até agora, que foi o da parada da menstruação: eu posso menstruar até os 78 anos?

A: Uma mulher, Rose, que fizer uma reposição hormonal e menstruar até os 78 anos deve ser investigada...

R: Eu conheci uma mulher de 72 anos que teve uma filha aos 62, ela que disse que a mãe dela, quer dizer, uma senhora bastante idosa, menstruou até os 78 anos... Sem reposição hormonal, sem nada! Nesses casos...

A: Na natureza eu não conheço nada assim. Registros desse tipo são pouquíssimos; mas nós não devemos usar a palavra "nunca"! Pelas pesquisas a mulher pode menstruar no máximo até os 60 anos de uma forma normal; às vezes a mulher, parando de menstruar aos 60 anos e passando a fazer a reposição hormonal, poderá vir a menstruar até os 62, 64 anos, mas se uma mulher fizer uma reposição hormonal e tornar a sangrar, ela deverá ser investigada e até, se for o caso, sofrer uma curetagem, porque pode estar com câncer no útero.

Então, se uma mulher parou de menstruar aos 55 anos e começou a fazer a reposição hormonal, tudo bem! Mas o grande desafio é que essa reposição deve ser bastante sutil, para que mantenha equilibrados os níveis hormonais, mas sem fazer com que essa mulher volte aos níveis anteriores.

R: Agora vamos ver o meu caso: eu tirei os ovários, tirei tudo por causa de um câncer de útero e tenho uma reposição hormonal média, não é nem de 25% nem de 100%, é de 50%. Eu tenho que tomar, não é? Veja, não sangro nem nada, mas eu tenho que pôr um pouco de hormônio, uma coisinha. Mas isso não ocorre só no meu caso, mas nos de todas as mulheres que tiveram câncer e tiraram o útero; nesses casos não é isso que deve ser feito?

A: Olha, a maior parte dos especialistas, quando a mulher retira o útero, principalmente por causa de um câncer, não receita hormônio nenhum. Eles são categóricos em não dar hormônio. Só que nos casos de uma cura total, como foi seu caso, pode haver um tratamento com doses pequenas e muito controle. É esse o grande desafio: é importante que qualquer reposição hormonal seja feita com extremo controle.

Uma mulher, repito, que parou de menstruar, passou a fazer a reposição e voltou a menstruar tem que passar por todos os protocolos científicos. Ela tem que ser investigada, fazer curetagem, fazer ultra-sonografia, porque se ela aos 55 anos pára de menstruar, faz reposição hormonal e, aos 65, volta a menstruar, algo não está normal, porque pode não se tratar de menstruação e, sim, como falei, de câncer. Acima de tudo essa é uma situação de alerta.

R: Agora, voltando ao meu caso, que também é o caso de muitas mulheres que tiraram o útero: tenho os estrógenos baixos, a testosterona baixa, tudo baixo, mas tenho um pouquinho de cada. É isso que tem que ser feito? Ficar quase sem nada, mas ainda assim ter todos?

A: Essa sua pergunta dividiria tanto os cientistas, quanto os especialistas. Aliás, além dos assuntos que dividem os estudiosos e profissionais essa é mais uma fonte de divisão. Em seu caso, mais da metade deles não lhe daria hormônio algum, nenhum hormônio mesmo, mas outros, sabendo como você é, fariam uma reposição hormonal e outros mais, ainda, ficariam na dúvida do que fazer.

No entanto, como você já foi operada por causa desse câncer há bem mais de dez anos, quase vinte, você está totalmente curada, inclusive porque vem sendo acompanhada e avaliada constantemente e, por isso, pode receber a reposição hormonal. Mas mesmo assim...

R: Então, vou diminuir a dosagem dos meus hormônios de 50% para 25%; você acha que assim seria melhor?

A: Acho, sim! Acho melhor; porque, em seu caso clínico específico, se você respondesse a um protocolo num congresso médico, os participantes dele arrancariam os cabelos de medo.

R: Por causa do câncer de útero?

A: Não, por causa de tudo que você já teve...

R: Eu tive mesmo foi câncer de útero! Mas não foi um dos casos mais graves, não. Eu não tive metástase...

A: Por isso é que você está totalmente curada.

R: Você sabe dessa história? A minha médica homeopata, quando comecei a ter a hemorragia do câncer, chegou e disse: "Isso aqui é arnica"; e me deu uma dosagem louca de arnica, maluca, porque ela é uma homeopata ousada. "Você vai ficar um mês sem essa hemorragia, vai aproveitar e fazer todos os exames, para ver se você está com metástase." E eu fiz todos! Então ela suspendeu a arnica e a hemorragia voltou.

A: Que coisa, hein?! É aquilo que eu falo: cada um é um caso. Porque a maior parte das mulheres não tem esse tipo de reação. E você é uma bomba, seu organismo é como uma explosão...

R: Bomba de explosão retardada! Mas veja você: esse remédio, umas bolinhas de "espírito" de arnica, pára a hemorragia?! A arnica é uma planta; e o remédio é composto de uma molécula de arnica para dez milhões de moléculas de água! Você entende isso?

A: Bom, em um acidente que tive, também recorri a isso; e eu sou alopata.

R: A arnica é uma planta milagrosa que os alopatas não descobriram ainda...

A: Mais ou menos! Ela é um cicatrizante e, hoje, já muitos médicos a usam em cirurgias plásticas e como complemento em muitos outros tratamentos...

12.

A terceira idade através dos séculos XX e XXI: uma mudança fantástica

A: Antigamente a mulher, se trabalhava, ao chegar aos 60 anos se aposentava, já estava com a missão cumprida. Hoje, houve uma mudança. Muitas mulheres continuam trabalhando depois dos 60. Muitas delas, donas-de-casa, tornaram-se chefes de família, entrando para o mercado de trabalho a partir dos 40 anos. Antes, a mulher que era abandonada depois dos 40 anos se conformava; agora, essa mulher vai à luta!

E vai à luta como mulher consciente de sua feminilidade. Isso, porque houve uma mudança no padrão comportamental da mulher, que gerou uma revolução: nas roupas que elas usavam, nos cortes de cabelo etc. Atualmente, a mulher de 50 anos se enfeita mais. As cores escuras deram lugar às vibrantes. As mulheres de 50, 60 anos, agora, vestem-se de forma muito mais colorida do que quando tinham 20 anos...

R: Tudo igual à juventude: eu tinha um fogo danado aos 50 anos.

A: Então, o que acontece? Acontece que antigamente as mulheres tradicionais e as do povo não pintavam nem cortavam os cabelos curtos e só se vestiam com cores sóbrias; o vermelho, os estampados vivos, os tecidos extravagantes, eram usados apenas por mulheres da noite ou pelas da elite, assim como os cabelos curtos. As demais mulheres só começaram a usar esses modismos depois dos anos 1950.

R: Mas nos anos 1970, a moda recomendava o uso de cores como o rosa-*shocking*, o laranja, o azul-turquesa, o verde-limão e o cereja, além de várias cores cítricas...

A: Isso, as adolescentes...

R: Não, querida...

A: As mulheres também, é verdade...

R: Eu usava rosa-*shocking* muito bem... e tinha 40 e tantos anos!

A: Mas, Rose, você não é parâmetro.

R: Está certo! Mas vamos ao que interessa: hoje, 60 anos é como se antigamente fosse 40, não é?

A: Não tenho dúvida! Hoje, a mulher também está vivendo mais e vai viver até os 80 anos. Então, se ela está hoje com 60, ainda vai ter mais um quarto de caminho para percorrer. Antigamente, quando ela tinha 40, só tinha mais 20 para viver...

R: Então, deixa eu dizer uma coisa: dados do IBGE afirmam que 25% de todos os casamentos oficiais são de homens mais novos com mulheres mais velhas, então, realmente, houve uma revolução, porque a mulher tradicionalmente sempre se casou com homens mais velhos, por ter "acesso ao pai", enquanto o homem, que não tinha "acesso à mãe", não casava com mulheres mais velhas.

Hoje, quando um homem mais novo casa com uma mulher mais velha, desmitifica o problema da mãe inacessível, tornando possível, sim, ver a mãe como desejável e poder transar com "ela". Isso, para mim, é a maior revolução de todos os tempos do patriarcado: como a mulher sempre teve o pai — isso é a tradição; como o homem nunca teve a mãe — isso é a revolução. Acaba a relação dominante/dominado. E o homem satisfaz o desejo mais profundo da sua infância que é transar com a mãe.

A: Olha, eu acho isso muito importante... É motivo de reflexão!

R: Com certeza, Albertina. Para fazer com que as mulheres mais velhas e os homens mais jovens se aproximem, não rejeitem por estereótipo, isso é importantíssimo. É fundamental que se diga que a grande revolução dos anos 1990 foi a revolução da Terceira Idade. A revolução dos anos 1970 foi a revolução da Juventude.

A: Sim, cada vez mais as mulheres chegam para mim e se dizem apaixonadas por homens em média 15 anos mais jovens que elas; e homens ciumentos... Eu me lembro de uma mulher que chegou para mim e disse: "Eu estou gostando de uma pessoa dez anos mais nova que eu; estou totalmente apaixonada e não sei o que faço!"
Mas ela não teve coragem de assumir a relação. Ela tinha 42 anos e me disse: "Imagine, ele vai querer ter filhos..." E eu ainda respondi: "E daí? Hoje, mulheres com 42, 43 anos ainda podem ter filhos!" Mas mesmo assim ela rompeu com ele, porque achava que não ia dar conta, e ele acabou casando com uma mulher quatro anos mais velha do que ela, que lhe deu dois filhos: um aos 47 e outro aos 48 anos. Ambos estão felizes até hoje.

R: E a outra frustrada, só lembrando...

A: Não só ele teve filhos com uma mulher mais velha que ela, como também é feliz; e ela continua sozinha.

R: Agora me responda: as mulheres que têm homens trinta anos mais novos do que elas — e eu estou vendo isso acontecer muito —, como é que ficam?

A: Olha, Rose, o que está acontecendo é que, quando se é mais jovem, a barreira é rompida e não aparece problema algum com a idade. Quer dizer: ser mais jovem é uma categoria...

Depois de dez anos, tanto faz 20 ou 30, o *timing* é o mesmo. A mulher assume! Eu tenho certeza de que, hoje, a mulher sentir-se olhada não traz mais para ela aquela sensação antiga de vergonha, de encabulamento, por verem que ela estava acompanhada por um homem mais novo. Havia também o medo de a mulher mais velha ser trocada por outra mais nova. Hoje não tem mais disso, não!

R: Isso acontece quando os homens são ricos. Vou contar uma experiência que tive. Tempos atrás fui a uma festa em que todos os homens eram executivos riquíssimos, todos com segundas, terceiras mulheres: todas trinta anos mais novas. Então, isso acontece!

A: Sim, com mulheres mais novas...

R: Agora, a mulher com homem mais novo é uma questão da mulher com poder. Não a mulher de poder financeiro, mas a mulher de "cabeça"...

A: Então, o que acontecia: a mulher sempre se acostumou a ser trocada por outra mais nova, mas essa mulher com homem mais novo gerou uma nova situação. E eu concordo com você que não é o poder financeiro, mas o poder da cabeça, o poder de comando, o poder da diferença, que se fazem valer. Essa mulher é diferente!

R: Ela não é mais submissa, ela já é a mulher contemporânea... da época do feminismo, que tinha 30 anos nos anos 1970. Então agora ela está com 60 e poucos anos e assumiu que não é uma mulher dominada....

A: E ela não tem vergonha...

R: Não, ao contrário!

A: Quer dizer: o Complexo de Borboleta, que leva a mulher a ter alguém mais novo, passou a ser muito mais comum... e outra coisa: havia o medo de ela ser traída, porque ela de início pensava: eu sou mais velha e é normal que ele me deixe por outra mais jovem. Mas, hoje, a mulher está mais segura de si e não tem mais esse medo. Agora é ela quem trai. E ele pode até acabar sozinho. Hoje, muitos homens têm medo do mundo que a mulher criou, no qual eles não penetram...

R: Isso aconteceu comigo nos últimos trinta anos. Eu vi o pânico dos homens, porque eu tinha — como a maioria das mulheres — uma cabeça pensante, e os homens, como têm medo do feminino, escolhem uma mulher inferior, uma mulher mais nova para dominar. Esse homem mais novo e essa mulher mais velha, agora no século XXI, são produtos dos anos 1970, porque a mulher não tem mais medo do homem jovem, e o jovem, como não é mais competitivo, também não tem mais medo da mulher. Longe disso, ele fica fascinado por ela...

A: Sim, ele fica fascinado por essa mulher que lhe conta coisas, que lhe traz coisas que ele admira e com quem ele transa também. Porque aquela mulher antiga que foi acostumada a não ter satisfação sexual não transava a contento.

Essa mulher que hoje tem 50 anos, teve amargura muitas vezes, ou viveu algumas histórias de amor não gratificantes, e mesmo que as tenha vivido, ela aprendeu a ser generosa no amor, aprendeu a não ter medo de dar amor, aprendeu a não ter medo do orgasmo, aprendeu a não ter medo do prazer. Ela aprendeu a receber amor e dar afeto. Aprendeu a falar das coisas de que gosta... as coisas do carinho. Aprendeu até a disputar o orgasmo! Essa mulher que aprendeu, já há algum tempo, que não é culpada, não é culpada de não ter orgasmo, não é culpada de tudo, deixou enfim de ser uma geladeira, de ser uma mulher mal-esquentada.

Quando essa mulher descobriu que tinha o direito de ter orgasmo e, se ela não tinha esse orgasmo, isso não era culpa dela, mas de algum problema, ela também foi à luta e, se ela tinha problemas psicológicos, muitas vezes procurou um analista. Mesmo uma mulher mais simples vai falar: "Doutor, o que está acontecendo comigo, que eu não tenho prazer?" Enfim, ela parou de se sentir culpada!

Isso vem de várias conquistas: para a dor do parto, ela já descobriu a anestesia; para a "dor" do orgasmo, ela já descobriu que não é a culpada. Então o que acontece? Na parte física ela não tem mais medo das rugas; se pode, ela faz plástica, usa cosméticos, faz ginástica... se não pode fazer uma plástica, ela muda o corte dos cabelos, o modo de se vestir etc. A mulher de 60 anos, hoje, é efetivamente bem mais jovem do que aparentava antigamente uma mulher com essa mesma idade.

Outra coisa importante é a mídia. Atualmente, todas as revistas e jornais trazem receitas de cremes para a pele: tonificantes, adstringentes, anti-rugas, cremes de limpeza etc. Agora, a mulher simples da periferia e até a mulher do campo são capazes de saber que roupa as torna mais sensuais, mesmo que elas tenham mais idade.

R: Que revolução, hein?

A: Então, isso é maravilhoso. Quer dizer: a mulher ser capaz de se pintar e se maquiar... e esconder algumas rugas. Veja: os cosméticos passaram a ter um papel importantíssimo. A mais simples das mulheres já sabe pintar os próprios cabelos e tem acesso aos produtos de beleza, os de baixo preço que infestam o mercado. Desapareceu a mulher de cabelo branco. Não vemos mais aquelas velhinhas, "Papais-Noéis" de saias...

Essa mulher mais velha da periferia não tem dinheiro para fazer plástica, mas tem dinheiro para comprar esmalte, tinta de cabelo, maquiagem... Então, ela pinta o cabelo, faz um bom corte, não mais essa de coque, ela não quer mais ser a "vovó", limpa-se, faz as unhas, muda sua roupa e se colore. E ela também não usa mais bengala! Enfim, ela aprendeu a valorizar certas partes de seu corpo.

No Nordeste, inclusive, presenciei muitas mulheres idosas, muitas mesmo, andando na praia de manhãzinha, exercitando-se para terem um corpo com cintura, saudável e atraente, para poderem usar biquínis, bermudas... Isso é incrível! A mulher de 60 anos não tem mais vergonha de pôr biquíni e ir à praia! Isso era impossível de imaginar há alguns anos.

R: E a mulher de 70 anos?

A: Hoje, não tem mais essa divisão. Hoje, para a mulher, velha é quem tem dez anos mais que ela. Agora, o que eu vejo é que a mulher aprendeu a gostar de seu corpo e que a mulher mais velha tem uma vantagem sobre a mais nova, porque a jovem diz: "Eu não gosto do meu joelho, não gosto da minha bunda, não gosto de nada." Já a mulher com 50, 60 anos, conhece seu corpo e já aprendeu a esconder o que ela não gosta e a mostrar o que ela acha que tem que ser mostrado. Quer dizer: se essa mulher de 60, 70 anos, quiser seduzir alguém...

R: Ela seduz!

A: Sim, ela seduz, mostrando o que tem para mostrar....

R: Mas ela seduz pela cabeça... pela cabeça, de onde vem o êxtase.

A: Agora, por outro lado, como ela já sabe que não vai competir com o corpo, ela também sabe que precisa competir com o que tiver de melhor. E aí, quando ela percebe isso, ela passa a competir com suas histórias, sua sedução... Se ela gosta de dançar, procura um baile para terceira idade... Ela procura o lúdico! Essa mulher já sacou que contar histórias de tristeza não atrai ninguém e que isso faz com que continue sozinha...

R: Precisamos formular um manual sobre erotismo na terceira idade...

A: É uma boa idéia. E a primeira coisa a se dizer sobre o erotismo na terceira idade é que uma mulher com mais de 60 anos, que quiser expor o seu "sofrômetro" e dizer, de seu calvário, quais as dores maiores e menores, essa mulher não vai seduzir ninguém e vai ficar sozinha. Hoje, também não dá Ibope aquela mulher que conta: "Olha, como eu sofri! Eu perdi o meu marido... a minha fortuna... a minha..."

Essa ninguém agüenta; ninguém agüenta uma pessoa com problemas! A mulher com problemas, então, deve procurar um analista, que seja até de Posto de Saúde, e se resolver psicologicamente. Porque, se ela quiser procurar um companheiro para fazer análise, vai se dar mal.

R: A mulher hoje diz: "Eu já tive mais de cinqüenta namorados!" E isso é uma beleza...

A: Então, essa mulher lúdica se torna uma mulher agradável e os bons momentos que ela pode proporcionar para alguém, não só para o jovem, mas também para o homem que sabe não ser mais um atleta sexual, são repartidos entre alegrias e formas inusitadas de amor, principalmente se o homem não tem mais a pretensão de ser um atleta sexual.

R: Isso é uma outra forma de sexualidade. O corpo não é só a vagina, o pênis... Pensar assim é um erro! O corpo tem mil zonas erógenas que podem funcionar independentemente da vagina, do pênis. Aliás eu queria perguntar outra coisa: na mulher de terceira idade, a vagina fecha?

A: A mulher da terceira idade aprende a namorar. E ela desconta, aí, tudo aquilo que ela não namorou antes. E isso é uma maravilha, porque como os namoros antigos eram ruins, agora ela descobre os preâmbulos e a partir daí namora de todo jeito, namora na sala, na rua, e no rosto, no riso, no toque. Dessa forma, a mulher de terceira idade redescobriu o namoro. Mas o homem não...

R: O homem da terceira idade é um chato!

A: Sabe por quê? Porque quer uma mulher nova e, aí, ele não dá conta dessa menina mais nova. E ele pensa que os cremes e remédios que dão tesão adiantam... adiantam, sim, mas não levantam tudo! E, assim, esse homem da terceira idade fica tão focado na ereção de seu pênis, que ele se perde dos demais objetivos importantes e necessários. É por isso que muitas vezes a mulher da terceira idade procura um homem mais novo, porque aí eles dão conta do namoro...

R: E o homem mais novo gosta...

A: E também essa mulher da terceira idade, normalmente, não está interessada em atletismo sexual. Agora, respondendo sua pergunta sobre se a vagina fecha: o que acontece de fato é que a vagina na terceira idade fica menos lubrificada....

R: Isso eu sei. Mas ela fica mais estreita?

A: Veja, toda vagina tem ondulações, porque existem ondas, como se fosse um relevo. Na terceira idade, existem poucas ondas, então a vagina fica menos elástica e, com isso, mais apertada. Vamos pensar: uma mulher que já teve vários filhos tem o períneo mais relaxado, a vagina mais alargada, mas, com a terceira idade, a vagina vai ficando menos elástica e, portanto, mais apertada.
 Eu, como ginecologista, quando examino uma mulher da terceira idade, uso um espéculo pequeno para examinar. A utilização desse instrumento dá uma contração maior, porque a vagina fica menos elástica. Quer dizer: ela reporta à vingança da mulher. Enquanto o pênis broxa na terceira idade, a vagina da mulher fica mais apertada...

R: Mas ela também não fica flácida?

A: Não, nada disso! Aí é que eu acho que se trata de uma vingança da natureza feminina. Os seios podem até cair, ficar flácidos, mas a vagina não fica flácida! Por quê? Porque, como ela perde ondulações, ela fica mais firme, mais tonificada.

Por isso é que, examinando a vagina de uma mulher de 13 anos e a de uma com mais de 60, sem ver o resto do corpo dessas mulheres, eu nem ninguém conseguimos ver a diferença, inclusive porque em ambos os casos o colo do útero também estreita. Na terceira idade, o útero também vai diminuindo de tamanho.

R: Existe, porém, muita mulher de terceira idade que fez histerectomia e tem vaginismo. Muitas, inclusive, não têm útero, o que lhes parece uma beleza.

A: Bom, se uma mulher não tem útero, o homem também não descobre que ela não tem. Só um médico, colocando o espéculo, é que pode saber se uma mulher não tem útero, porque esse, ao ser retirado, necessita de uma sutura, que fica semelhante ao colo do útero. Então, não tem pênis que diagnostique que a mulher não tem útero. Só o ginecologista consegue ver e a ultra-sonografia pode confirmar. Eu desafio qualquer pênis a diagnosticar a ausência de um útero!

R: E o vaginismo?

A: O vaginismo pode ocorrer em qualquer idade. Então, se a mulher passar o que for na vagina, por exemplo, saliva, pomada, hidratante de pele, dá certo: lubrifica! Além disso, se a mulher é bem esquentada... Veja, a lubrificação não vem só dos hormônios, vem do tesão também. A mulher fica molhada pelo tesão. Assim, se a mulher está dando e recebendo, com certeza ficará molhada, lubrificada, pronta para a penetração.

A vagina tem várias glândulas, é como uma pele, é a pele da mulher. Agora, uma coisa muito importante: a mulher quando está nervosa contrai a vagina. Isso em qualquer idade, quer tenha 20, quer tenha 70 anos, mas o fato de ela contrair é que traz dificuldade. A mulher que está querendo uma relação sexual se abre e, se abrindo, deixa tudo mais fácil.

Às vezes, há sim um obstáculo. Muitas mulheres têm me falado que ficam menos tonificadas e isso é um obstáculo. Mas o homem, que vai pensando que a mulher está aberta, toda flácida, quando sente esse obstáculo, enlouquece...

R: Enlouquece, por quê?

A: Porque ele vem de todo um passado com mulheres mais flácidas, com muitos filhos etc. e, de repente, ele se depara com essa mulher mais velha e, agora, nova, porque está apertada, e ele fala: "Nossa, que novidade!" Porque na cabeça dele o mito é que a mulher mais velha é toda velha, até embaixo.

R: Não, não é!

A: Mas, por outro lado, hoje a mulher, como já vimos, não tem mais o porquê de se preocupar com a lubrificação...

R: A natureza feminina resolve, de um jeito ou de outro...

A: Enfim, essa mulher não tem dificuldade de se posicionar, porque conhece todas as posições e, assim, ajeita-se do melhor modo.

TERCEIRA PARTE

OUTRAS MULHERES

13.

Adolescência na zona rural: influência da mídia e identidade

R: E a televisão, a mídia? Como é no meio rural? Você teve algum contato com a mulher rural adolescente? Como é que elas reagem às novelas, por exemplo? O que elas disseram para você?

A: Um dos meus primeiros contatos com a adolescente da zona rural foi quando trabalhei em Santa Bárbara d'Oeste. E a essas adolescentes, quando eu perguntei qual era a mulher mais linda que conheciam, para minha surpresa, eu que pensava que elas fossem falar ou da Xuxa ou da Angélica, elas responderam: "Linda Evangelista."

R: Quem é Linda Evangelista, meu Deus?

A: Dez anos atrás, ela era uma modelo famosa e aparecia em muitas revistas. Mas eu não a conhecia. Então, por isso, perguntei a elas quem era essa tal de Linda Evangelista; e aquelas adolescentes lá da zona rural sabiam de vários detalhes sobre ela: que tipo de roupa usava, quem foram seus namorados, como se maquiava e como mudava de cabelo: um dia estava louro; no outro, castanho...

R: Credo!

A: ...E como, às vezes, aparecia de olhos azuis e outras, de olhos verdes; como a cada hora aparecia de maneira diferente. E eu fiquei assustada, porque aquela região era de plantação de morangos. E pior: quando fiz aos meninos a pergunta "O que eles queriam do futuro?", a resposta foi: "Ah, a gente quer trabalhar no *Clube das Mulheres*!", porque na época o *Clube das Mulheres* estava em moda, estava em toda mídia.

R: É!?

A: E eu perguntei por quê. Eles responderam: "Ah, porque lá todo mundo dança, mostra o corpo e ganha muito." Aí percebi como era séria a questão da mídia, de seu papel, e qual era a sua influência. Vi, então, que eles conheciam muitas coisas do dia-a-dia urbano pela TV e pelas revistas e, principalmente, sabiam o que estava na moda. Eles sabiam como eram as roupas usadas no *Clube das Mulheres*, e nas novelas e também conheciam o cotidiano comum a todos os personagens urbanos.

Então, passei a pensar que não era verdade que os adolescentes desconhecessem os hábitos anticoncepcionais e muitas outras coisas que aconteciam nas grandes cidades. Na verdade, eles não estavam dispostos a falar sobre doenças, eles queriam era falar do prazer, da alegria e, muitas vezes, do prazer descartável tão bem explorado comercialmente pela mídia.

E nessa menina da zona rural, a culpa é muito maior do que a culpa da menina da cidade; disso eu não tenho dúvida alguma, porque a mídia alcança todos os rincões deste nosso país, especialmente a Rede Globo. Agora, tanto lá como cá, a mãe fala assim: "No meu tempo tudo bem que eu não era esclarecida, mas esse pessoal, os de agora, lêem."

Hoje, inclusive o papel da mídia é preponderante na escolha dos nomes das crianças da zona rural, porque as adolescentes têm, cada vez mais, acesso a revistas, principalmente as com nomes femininos: *Capricho*, *Querida*, *Carícia*. E isso me levou a perguntar àquelas adolescentes da zona rural: "E os meninos, também lêem?" "Ah, lêem escondidos..."

R: As mesmas revistas?

A: É, as mesmas revistas! E uma coisa que me deixou feliz foi que muitas das meninas da zona rural me reconheceram: "A senhora escreveu na revista tal; não foi mesmo a senhora?" É que eu, na época, tinha acabado de fazer uma dinâmica com a camisinha com meninos, a pedido de uma revista da Bahia, para sua matéria de capa. E uma delas ainda me disse: "Aquele menino, ao lado da senhora, é bem bonitinho, né?" Então, elas não só sabiam o que eu tinha feito, mas com quem.

O acesso às revistas e à televisão ocasionou uma mudança a partir dos anos 1970. E quanto às novelas... As novelas, eu acho assim: o cabelo da moda... etc. e tal. E mais outra coisa: se eu tivesse aparecido na televisão e lá na zona rural elas me tivessem visto, logo perguntariam como era a estação por dentro... como era a entrevistadora... se era mesmo bonita... e elas fariam várias perguntas.

Nesse tempo, quando eu perguntava sobre artistas, elas diziam nomes difíceis que eu desconhecia e eu era obrigada a ligar e consultar em São Paulo para saber exatamente quem era o artista, porque, repito, elas mencionavam nomes estrangeiros dificílimos...

R: Tipo Christian Gray, Frank Sinatra, eram nomes assim?

A: Não! Erik Marmo, Liv Tyler...

R: E elas dão esses nomes para os filhos?

A: Ah, os nomes que dão aos filhos são assim: Erik... Shelton... Anthony... No meu tempo, nos anos 1960, era Roque Udesom, e era assim mesmo: Roque Udesom. E tinha muito!

R: Tinha até Uóston...

A: Atualmente, não; agora, por causa da mídia, são escritos direitinho. Todas sabem como é que se escreve qualquer um desses nomes estrangeiros. Mas, mesmo antes, as adolescentes grávidas já davam nomes assim aos filhos: Daiane, Rick... Hoje também, dão nomes sofisticadíssimos aos filhos, em homenagem a seus ídolos ou os que estiverem na moda, como os da novela *O clone*: tem muita Jade, hoje, por aí! Mas, engraçado, eu não conheço ninguém chamado Ayrton, em homenagem a Ayrton Senna, mas nomes de modelos, de artistas da moda, existem aos montes.

R: Em Rondônia e no Acre, eu vi muito Frank Sinatra, muito Christian Gray; o pessoal de esquerda chamava de Marx Engels os filhos, assim... Eu levei um susto... Vi muitas Jacqueline Kennedy, muitos John Kennedy...

A: Ah, sim! Tem muito nome com sobrenome; isso é interessante. Não tem só o nome; usam o nome com o sobrenome. Isso é muito popular!

Nós temos uma pesquisa que foi para o Congresso em Brasília, recentemente, sobre a importância dos nomes para os adolescentes. Eu sempre faço a pergunta para as adolescentes e mulheres, minhas pacientes de Campinho, do porquê de seus nomes. "Por que você tem tal nome?"

Sempre tive essa curiosidade de saber o porquê das pessoas se chamarem como se chamam. E também sempre notei que, quando a adolescente sabe a história de seu nome, é porque tem um vínculo maior com a família. Então, em vez de perguntar "Onde você mora?", eu pergunto: "Por que você se chama assim? Quem é que lhe deu esse nome?" E as respostas me levaram a elaborar a pesquisa.

A partir dessa pesquisa nós descobrimos que a maioria dos adolescentes não mudaria seu nome. Mesmo não gostando, não mudaria, porque sabe que ele é uma homenagem, ou os pais leram um romance e gostaram do nome de um dos personagens, ou por causa de algum parente ou pessoa querida... Os nomes sempre foram dados em homenagem, foram sempre uma celebração; não um ato de vingança. Como o adolescente tem esse vínculo positivo, e o nome é um vínculo positivo, ele não acha que deva mudá-lo.

Por exemplo, se eu pergunto à menina: "Por que você se chama Joana?" Ela quase sempre vai me responder: "Ah, esse era o nome da minha avó! O nome da minha avó materna" ou "Ah, minha mãe viu um filme" ou "Meu pai... não sei o quê!" Essa resposta indica, então, que sua família já conversou com ela sobre a razão de ela ter tal nome.

R: E quando a adolescente não sabe o porquê do seu nome?

A: Ah, quando ela não sabe, percebemos que há um distanciamento familiar, uma falta de raiz. Conhecer o nome mostra que existe uma raiz, é como saber onde nasceu. Àquela adolescente que responde assim "Ah, não sei, não sei... Acho que foi porque... Não sei" eu mudo a pergunta: "E que nome você daria para o seu filho?" E ela, com certeza, dirá: "Ah, eu daria... [por exemplo] Laura!" "Por quê?" "Ah, porque esse nome é bonito; eu sempre quis uma filha chamada Laura!"

Então, quando a adolescente não sabe, eu tento mudar rapidamente de assunto, porque percebo que uma tristeza se apodera dela. Mas são poucas as que não sabem...

R: Maravilha, maravilha...

A: Aí eu posso repetir para você: o nome é sempre uma homenagem e mesmo elas não gostando de seus nomes, elas não os mudariam, porque o nome é o primeiro vínculo...

R: É, o nome é a identidade... Quem não sabe o porquê do seu nome não tem identidade própria.

A: Então vem aquela história: a carência da adolescente começa por não saber a história da origem de seu nome. Na zona rural era sempre aquela história "Era o nome da minha tia-avó que foi para a Capital. Meu pai é que quis dar; a minha mãe nem queria..." "E você mudaria ele?" "Ah sabe, até que eu poderia ter um nome artístico, mas mudar, mudar mesmo, eu não mudaria." Quer dizer, ela gosta de seu nome; as adolescentes gostam, sim. Nome e homenagem estão muito ligados. E quando uma mulher não sabe a história de seu nome, ela tem dificuldade de reconhecer a história da vida dela. Ela não tem identidade.

14.

Sexualidade na zona rural

A: Agora, quando eu perguntei para aquelas adolescentes como era o jeito dos meninos mostrarem que estavam interessados nelas, elas responderam: "Ah, o homem não sabe fazer carinho, o homem é muito rápido. A gente gosta de carinho, a gente gosta de palavras bonitas. Para eles, realmente, é tudo debaixo de pressa; a gente é mais devagar."

Quando trabalhei no I Encontro das Mulheres do Mirante Paranapanema, o encontro das mulheres assentadas naquela região, em que lidamos com 1.200 mulheres, foi fantástico! Elas fizeram ginástica e eu percebi que, quando eram aqueles exercícios rápidos do cotidiano delas ou aqueles que as mulheres da classe média fazem para perder peso, elas detestavam; mas quando os exercícios eram de alongar, de gestos para lá e para cá, elas adoravam...

R: Esse tipo de exercício é, realmente, mais prazeroso...

A: ... Aí eu comecei a falar para elas como é que a mulher gosta de ser tratada; e fiz várias oficinas. Nelas, eu pedi, então, a receita para a mulher ter uma relação quente e a receita para que essa relação seja mecânica, fria; e elas dramatizaram tanto a receita para a relação ser fria quanto a receita para ser quente.

E como era a receita para ser fria? Nessa receita, para muitas delas, a mulher estava trabalhando na roça, cultivando, plantando batatas, milho, o que fosse, e vinha para casa fazer o jantar para o marido, antes que ele chegasse. Aí o marido vinha e dizia: "Oh, mulher, só tem isso para comer, a mesma coisa sempre, você não inventa outra coisa?" E a mulher: "Vamos, vamos, vamos..." Quando chegava a noite ela ainda tinha muitas coisas para fazer: lavar roupa, deixar tudo pronto para o homem no dia seguinte; mas ele logo queria dormir. E, quando chega perto dela, nem tomou banho; e ela lá, toda limpinha. O homem não tomava banho, chegava e já queria colocar tudo em cima dela; e aí tudo acontecia sempre muito rápido.

Mas a receita para ser quente também foi dada por outra das mulheres presentes no Encontro: "Então, eu estou lá, o marido chega e diz: 'Mulher, pára de fazer comida, vamos lá olhar o céu, olhar as estrelas! Você se lembra quando eu te encontrei? Você tinha os olhos da cor da Lua, uma Lua igual a essa. Ela nos olhava. Se lembra quando eu te beijei? A gente teve cada coisa debaixo da Lua, sua mãe nem sabia.'" Aí as outras mulheres disseram para ela: "Ô louca. Ninguém faz isso, não!" Mas ela continuou: "Aí ele chega devagarinho, vai e abraça eu, olha a Lua e diz: 'Daqui a pouco a gente vai comer, não tem problema, eu te ajudo, deixa a louça para depois, vem aqui ficar com o teu nego'; e aí ele passa a mão no meu cabelo e diz assim: 'Nega, mesmo você estando de cabelo branco, eu gosto de você como da primeira vez.'" Aí ela mesma perguntou: "O que vocês acham disso?" E, sem esperar a fala de ninguém, respondeu: "Ah, já está tão quentinho, que não precisa mais fazer nada; mesmo que ele chegue devagar, que não me dê muito, que já esteja cansado... eu já estou toda molhadinha, já estou toda esquentadinha."

Eu indaguei o que elas acharam do relato e a resposta foi: "Esse aí está em outro mundo, está no céu! Não tem homem igual a esse, não tem!" E uma das mulheres, inclusive, afirmou que o dela foi só um mês assim, depois já virou do avesso, passou a fazer tudo ao contrário disso.

R: Bem... Você falou em prazer descartável quando se referiu à mídia e isso ficou martelando na minha cabeça. O que é prazer descartável para a mulher e as adolescentes rurais?

A: É elas terem a fantasia de um prazer que seria morar numa casa urbana, viver numa casa que tenha bastante eletrodomésticos, que tenha tudo. "Ah, sabe, doutora, o que me cansa é esse cheiro do barro, do pó daqui. Eu queria uma casa na cidade, um homem da cidade. O homem da cidade veste roupa diferente, fala diferente e trata a mulher de modo diferente." Esse é um homem-fantasia e elas pensam que o prazer está nas cidades.

R: Mas, voltando à sexualidade: o que você falava para as adolescentes rurais?

A: Eu perguntava para as adolescentes assim: qual é o homem ideal? Isso, porque eu tinha participado de sua pesquisa sobre a sexualidade da mulher brasileira e aprendi muito com ela. E uma das perguntas daquela sua pesquisa era exatamente essa.

R: Todas nós aprendemos muito... Eu mesma, de início, não sabia para que ela serviria, nem qual o seu objetivo; e tampouco adivinhava aonde ela iria chegar...

A: E eu mesma pensava assim: o que será que a Rose Muraro quer com essa pergunta? Mas eu já sabia que o prazer era visto de modo diferente por cada classe social. Tinha essa intuição, porque também atendia as mulheres da zona rural e das regiões carentes e via o que elas queriam. Mas não sabia o que você queria.
    Achava, na época, que você falava e eu não entendia, porque pensava que você escondia muita coisa de mim. Você devia ter tanta coisa para falar, mas não me queria contar o que esperava da pesquisa... eu achava isso. E você nunca me contou... Só depois de vinte anos é que você também me disse que nada sabia sobre os resultados que a pesquisa alcançaria.
    Nossa, na época eu pensava que seus objetivos eram clandestinos, porque eu perguntava: "Rose, por que você

quer fazer essa pergunta?" E você, bem quieta, me olhava através desses óculos e eu não sabia se você estava me vendo ou não. Eu pensava que você me achava burra e não queria me explicar nada. Então eu, já que sou superdisciplinada e sei falar para as mulheres, passei a me comportar como você disse: como uma estagiária. Assim, ficava ouvindo e ouvia muito, e pensava que talvez você só tivesse outras coisas que gostaria de saber, mas que eu não estava sabendo ouvir direito; e eu nunca entendi por que você não me explicava direito o que você queria saber. Só após vinte anos é que nos entendemos.

R: Eu mesma, como já disse, só vim a apreender no fim.

A: Na época eu pensava: não posso ter viés algum nessa pesquisa; preciso contar direitinho tudo aquilo que elas falam, pois deve haver alguma interpretação que não estou entendendo, e a Rose vai descobrir. Então, eu escrevia tudo, pontinho por pontinho; até as tosses delas, já que podia ser que a tosse tivesse algum significado, não é? E, aí, eu só entendi quando cheguei para uma reunião e você perguntou para elas: "Qual é o homem ideal?" E elas falaram: "Ah, aquele homem que é basicamente carinhoso"; e havia uma coisa do cheiro que era muito importante... O homem que usava perfume era muito atraente... e homem que tinha roupas diferentes, também!

Então, as mães sentiam muito medo de que as filhas gostassem de homens da cidade, porque o sonho de ir para a cidade é muito grande nas adolescentes. E elas falavam: "Olha, ele é bom... ele chega... e é tão gostoso!" E as mães ali, iguais às mães da cidade, nunca sabiam o que elas faziam...

R: Mas elas tinham relações?

A: Muitas tinham relações e também não contavam para as mães. E claro que sabemos isso porque perguntávamos tanto se as adolescentes da zona rural mantinham relação sexual quanto se suas mães sabiam disso. "E seus pais sabem?" "Não, a gente não conta pra mãe nem pro pai. A mãe nem o pai sabem, senão eles brigam com a gente!", respondiam. E aí vinham falar dos sonhos que tinham!
Mas de tudo que eu falei, o que elas mais entenderam é que a mulher é igual a fogão a lenha e o homem, não... A mulher esquenta devagarinho e fica um monte de tempo quente... Mas para esquentar tem que ir pondo a lenha, tem que saber esquentar... e vai pondo... e fica um tempão e aí, depois, também a comida fica preparada, devagarinho, não é?
Eu comparava assim: a mulher saber fazer comida no fogão a lenha era igual a saber fazer uma relação sexual; e também eu mostrava que a comida precisava descansar para ter melhor sabor. Aí elas rebatiam: "O homem não, o homem é igual a fogão a gás, acende a chama e torra tudo... e torra tudo muito rápido."
Aí eu perguntei quanto tempo levava para fazer uma comida no fogão a lenha? "Ah, três, quatro horas", res-

ponderam elas, "E no a gás?" "De 15 a 20 minutos." E acrescentavam:. "Homem é igual a arroz em panela de pressão. Os homens são todos muito rápidos." Então elas se queixavam muito da rapidez e sabiam que também as outras mulheres se queixavam. "Ah, a minha vó diz que não tinha prazer; a minha mãe — pensa que eu não sei? —, mas ela não tem prazer não, ela se queixa do meu pai."

O que achei estranho é como todas as adolescentes da zona rural sabiam muito do prazer das avós, das mães; das queixas do prazer. E como elas moldavam um prazer diferente para elas. Mas esse prazer onde estava? Como já sabemos, ele estava na cidade grande; estava no homem que ainda ia chegar. "Ele, sim, vai ser diferente!" Quer dizer: o amor da cidade, mesmo que fosse no campo, seria sempre diferente, melhor do que aquele que elas conheciam. E algumas até falavam: "Ah, mas homem não muda nada, muda só no começo. Então, nos primeiros dias, tudo bem, é coisa do corpo, da dança; a dança que é importante." Sim, eu percebi que de fato as festas, os bailes, eram muito importantes para os adolescentes da zona rural.

R: Agora me diz outra coisa, você falou que os pais brigam com as meninas... Eles brigam, batem ou expulsam elas de casa? Como é que é?

A: Quando engravidam?

R: É...

A: Ou quando os pais descobrem que elas têm relação?

R: Tudo isso! Como é no mundo rural?

A: No mundo rural, hoje, o que acontece é o seguinte: fazem casar! Antigamente, não só na zona rural, bastava saberem da existência de uma relação sexual, saberem que a filha tinha se "perdido", como falavam, já a expulsavam de casa. Agora, nestes últimos vinte ou trinta anos, tanto na zona rural quanto em outros lugares onde tenho feito palestras, realizado trabalhos, o que eu percebo é que as mães, na verdade, sabem que suas filhas têm relações íntimas e que os pais são omissos e nada perguntam; e se souberem que suas filhas têm relações sexuais, logo culpam as mães: "Viu no que deu? Você é que incentivou. Você que é devassa! Não tomou conta da sua filha." Mas a grande briga só acontece quando a adolescente engravida. Aí a menina tem até que sair de casa, tem que dar o jeito dela e tudo o mais...

R: Só não podem é fazer aborto na zona rural...

A: É, não se fazem abortos na zona rural. Elas escondem e fica a obrigação de casar; mas hoje em dia a tolerância está aumentando. Já há muitas mães que, mesmo solteiras, permanecem com os seus filhos recém-nascidos em casa. Essas são xingadas durante toda a gravidez, mas ficam em casa. Eu diria que a expulsão da casa paterna, hoje, é muito menor do que há alguns poucos anos. Quase não existe mais. Eu cansei de atender adolescentes que eram expulsas de casa, vinham para a cidade e eram atendidas no Hospital das Clínicas; ou mesmo quando eu trabalhei em Caracapuíba, que era zona semi-rural. Atualmente, não existe mais essa pressão.

Agora sabemos que as adolescentes são toleradas dentro de casa, mesmo grávidas, e principalmente se já existe alguém em igual condição na família. É mais outra desgraça. É quase como uma sina que essas adolescentes têm: "Parece que não dá certo mesmo, todo mundo nessa família engravida e fica em casa. Que fogo no rabo que têm, né?" E o homem nunca é o culpado. Do homem da zona rural se diz: "Ele estava no papel dele." E o pai da menina, hoje, apenas lamenta: "Mas por que a minha filha foi engravidar? Tem tanta coisa para fazer no corpo; tem tanta coisa aí que, usando, evita essa situação."

R: E a relação do jovem que engravida essa menina? E a do pai do jovem?

A: O pai do jovem continua culpando abertamente a menina e sua família, isso porque quem cuida do bebê é a menina, mãe do neném, ou a mãe da própria menina, isto é, a avó do recém-nascido. Temos uma pesquisa, feita na cidade de São Paulo, apontando que 72% de quem cuida da criança são as mulheres da família da mãe da criança: 32% a própria menina-mãe e 40% a avó da criança. Dos meninos, só 8% cuidam; da família do menino, só 10%; e os outros 10% são representados pelos cuidados em conjunto das duas famílias.

R: Que loucura... Que loucura...

A: E sabe como é quando o pai ajuda? As mães-adolescentes dizem: "Ele cuida tanto; é tão bom que dá todas as fraldas que o neném precisa..."

R: Olha...

A: Quer dizer: para elas quaisquer migalhas já são ótimas! "Ele é ótimo!!!", dizem. "Olha como ele é ótimo, como é bom para ela; ele até deu o nome para a criança! Ele reconheceu." Então a gente percebe o tão pouco que essa menina exige e também que, na zona rural, a desculpa para o homem é muito maior do que na região urbana. "Ele estava no papel dele; ela não se cuidou e ele vai é continuar a viver a vida dele." Ou: "Ele foi lá para a cidade. Agora nós aqui é que temos que cuidar do bebê."

15.

A mulher indígena

A: Meu trabalho com a mulher indígena foi uma experiência fantástica! Primeiro, percebi que elas queriam falar alguma coisa diferente. Depois, comecei a dialogar com as parteiras da tribo para que me ensinassem como é que elas fazem o parto. Para isso me fiz de mulher grávida; dramatizei e "pari"! E tenho uma fita cassete mostrando isso.

Antes do início do parto, elas fizeram uma massagem incrível mas minhas costas e eu, até hoje, sei direitinho onde e como elas massagearam. Depois me disseram como é que elas faziam força para a saída do bebê. E posso garantir que é muito diferente a força que nós fazemos daquela das indígenas. A força delas não é como a nossa. A nossa se apóia numa respiração de cadência rápida, tipo "cachorrinho". Já a mulher indígena respira profundamente e mantém a boca fechada por muito mais tempo do que nós entre uma respiração e outra; na verdade, a força das mulheres indígenas é uma força de corpo inteiro. Não é só força no períneo; é como se elas estivessem empurrando com os braços um obstáculo. Foi isso que me ensinaram.

Na realidade, o corpo todo das indígenas faz força, se contrai por inteiro, mas, nos períodos em que ele não faz força, elas não respiram, por isso é que a respiração da indígena grávida na hora do parto é muito mais profunda do que a nossa. E quando a dor vem, isto é, quando eu dizia para elas que eu estava com dor, elas pegavam minhas pernas, abriam bem e, depois, soltavam para que eu ficasse bem relaxada, como numa posição de ioga, e diziam para que eu não falasse nada. Então, elas também não respiram no meio da dor.

R: E isso diminui a dor do parto?

A: Isso deixa a mulher mais confortável. E relaxa bastante. Com minhas pacientes eu adaptei, faço com que elas respirem junto comigo, não tão rapidinho, mas de forma profunda e pausada, e elas acabam relaxando bastante.

R: Quem inventou que essa respiração de cachorrinho é boa para o parto?

A: Bom, ela é usada há muito tempo e, normalmente, as mulheres sentem-se bem com ela. Mas não as mulheres indígenas. E uma das coisas mais intrigantes que me mostraram foi quando perguntei: "Como é que sei que o bebê está para nascer?" Elas, então, me fizeram ver a importância dessa linha escura (a linha migra) que passa aqui, pelo meio do abdômen. Quando ela aparece quatro dedos acima do umbigo é que já é hora de o bebê nascer; quando está abaixo, daí ainda não vai nascer.

Por isso é que hoje eu presto muito mais atenção nessa linha, porque, com certeza, sabemos que ela muda o seu posicionamento durante o decorrer da gravidez, mas como a parteira indígena afirmou que somente quando a linha estivesse escura por igual, do início ao fim, e acima do umbigo é que estava na hora do parto, eu venho confirmando essa afirmação desde então.

Porém, eu não só presto atenção a esse fato, mas também me interesso pela sexualidade delas. E, como eu interagia com as parteiras indígenas, isso criou maior intimidade. Então, uma das coisas que pude notar nos olhos delas é como o prazer as excita. E percebi, inclusive, que apesar de elas falarem que não entendiam português e de eu ter aprendido, à época, algumas palavras guaranis, tipo: prazer, vontade, gozo, gostoso, lindo, bonito e todas essas coisas de mulher, quando eu colocava no meio do meu discurso essas palavras, elas riam muito e aí acabaram me contando que os indígenas, antes de casarem, antes de ficarem juntos, fazem assim: ele dá tapinhas na mulher... tapinhas na cabeça, nos braços por todas as partes de cima do corpo...

Então, perguntei como era depois do casamento. Elas responderam que igual, só que somente da cintura para baixo. E eu voltei a indagar: "E a mulher? Depois de casada, ela continua querendo os tapinhas da cintura para cima ou só da cintura para baixo?" E elas falavam assim: "Mulher não muda! Mulher não muda!"

Outra coisa importante que eu tive que mostrar para elas foi que corrimento não é doença. Alguns caciques e diversos outros indígenas acham que corrimento é doença mandada por Tupã e, aí, eu tive de dizer que, do mesmo jeito que a gripe não é Tupã quem manda para os homens, porque esses apenas ficam com gripe, o corrimento também não.

Aí eles quiseram saber se então isso não era coisa de branco...

R: Espera aí: as índias têm corrimento?

A: Têm, sim. Mas, que maravilha! Como eram limpas! Que higiene! Que limpeza pessoal mostravam quando precisavam ir ao hospital. Elas faziam suas higienes com folhas de laranjeira. E, inclusive, quando nos sentávamos, juntas, em roda, eu sentia o perfume delas. Era incrível!...

R: Como? Com folhas de laranjeira?

A: É, cheiravam a folha de laranjeira. Quer dizer: se lavavam com o chá das folhas e depois ainda as esfregavam no corpo todo. Só para lembrar, eu estou falando daquelas que sentavam em roda comigo. Era inacreditável, ficavam o dia inteiro sentadas lá e não exalavam cheiro algum, senão o perfume da laranjeira. E todas as mulheres da zona urbana, que eu já atendi em hospitais públicos, sempre tinham algum cheiro. Eu mesmo usando desodorante me sentia mais malcheirosa do que elas.

R: Quer dizer: o desodorante delas era a folha de laranjeira?

A: Era, sim! Na época em que lá estive havia também um grupo de estudantes e nós cheirávamos mais a suor do que as mulheres indígenas; nosso cheiro denunciava: urbanos! Tínhamos sempre aquele cheiro, e as mulheres indígenas passavam das seis da manhã às seis da tarde sem nenhum cheiro de suor.

R: Isso é fundamental! Assim, todo mundo poderá fazer a mesma coisa! Imagina, os antropólogos do gênero masculino, em todos esses séculos em que vêm falando com a mulher, não descobriram nada... Está vendo como importa a questão do gênero!

A: E eu fiquei muito entusiasmada com essa questão do cheiro. Por isso é que vivo comentando, por várias vezes e por vários lugares: as mulheres indígenas não cheiram, a não ser a laranja! E, tampouco, tinham corrimentos malcheirosos. Mas o mais interessante ainda é que, quando trabalhei no Hospital das Clínicas, eu brincava muito com os estudantes e com meus colegas, dizendo que eu sabia quando a mulher era de Minas Gerais para baixo ou de Minas Gerais para cima.

E quando uma paciente chegava, eu logo afirmava: "A senhora é da Bahia para cima. De Pernambuco, por exemplo." E eu sei isso só de olhar a vagina. Olhando-a, sei de que região deste país a mulher é. Se é do Sul, do Sudeste, do Centro-Oeste ou de onde quer que seja...

R: Como?

A: Bem, como eu, ali, era a única mulher, meus colegas achavam que minhas pacientes me contavam sobre sua procedência de antemão ou, então, que tínhamos um código, um pré-atendimento, mas não havia, nenhum mesmo. É que as mulheres do Nordeste, do Centro-Oeste, da Bahia, quando vão ao ginecologista, se depilam, se preparam...

R: É verdade! Na minha pesquisa apareceu isso. Elas estão sempre depiladas.

A: ... E quando vão ao médico, depilam-se todas e, ao chegarem, sempre dizem que não se arrumaram direito para vir ao médico. As mulheres sem-terra, já assentadas, também vão asseadas. E vão logo perguntando: "A senhora vai me examinar? Mas eu não me preparei, doutora!" E ficam muito nervosas por estarem "despreparadas".

Em relação às mulheres indígenas, observei algumas lesões que eu não esperava em adolescentes. Elas, geralmente, já estavam na casa dos três filhos aos 19, 20 anos...

R: Que lesões?

A: Lesões no colo do útero. Eu logo percebi que esse não era um espaço tão tranqüilo, principalmente nas mulheres indígenas com 19, 20 anos. Mas o que achei mais interessante foram outras duas coisas: primeiro, como gostaram de fazer o exame ginecológico e, depois, como adoraram ver a ultra-sonografia. Sim, porque levamos um ultra-som até elas... Ahhh... elas deliravam... "Meu neném na televisão!" E saíam dali contando isso para todos.

A outra coisa foi a intimidade que tinham com a amamentação. Elas amamentavam enquanto esperavam ser atendidas, o seio todo exposto e, com toda tranqüilidade, conversavam, enquanto balançavam o bebê para cima e para baixo. O bebê parecia um canguru, assim, quase pulando para cima e para baixo; e elas, com toda aquela intimidade, com toda a tranqüilidade, não precisam de todas essas mirabolâncias "civilizadas" que utilizamos para amamentar.

E tem mais: algumas mulheres indígenas, quando apanham de seus homens, fogem para o mato. Elas disseram que não podiam tomar os anticoncepcionais das brancas, porque, quando os maridos delas brigavam, elas se escondiam no mato uns três, quatro dias, e as pílulas anticoncepcionais não podiam ser tomadas, pois, na pressa, elas as esqueciam em casa. Isto me levou a fazer-lhes uma outra pergunta: "E quando vocês não querem ter relações sexuais, dá para fugir para o mato e se esconder?" E elas sempre respondiam: "A gente sempre foge pro mato!"

Então veja: eu também fiz uma pergunta semelhante às adolescentes da zona rural: se quando elas não tinham vontade, se dava para escapar: não dava. Mas a mulher indígena, essa sempre foge para o mato.

R: E os homens, o que faziam com elas? Índio bate em índia?

A: Ameaça, principalmente quando bebe. Elas tinham muito medo da bebida...

R: Ah, isso é coisa de branco...

A: É, mas quando eu comecei a falar para elas da relação sexual e do orgasmo, não consegui me aprofundar muito, porém ainda assim pude perceber que elas conheciam várias posições diferentes.

R: Ah, e você sabe quais são?

A: Pelo que elas me falaram, tinha muita relação de pé; e eu também quis saber se elas tinham relações de lado ou encoxadas... E elas conheciam! Várias posições de que falei elas conheciam e riam muito; e eu não sabia se o riso acontecia porque lhes era prazeroso ou se era pela forma de eu perguntar, já que elas ficavam quietas e nada respondiam. Eu perguntava assim: "Essa posição é mais gostosa do que essa outra?" e elas riam, mas logo emudeciam, sem falar nada.

O que eu sei é que muitas vezes, quando eu terminava a conversa, elas me faziam muito carinho; acho que pelo fato de eu ter-me colocado tanto como paciente, quanto como médica, que foi fundamental para criar essa intimidade, e, é claro, propiciar os vários encontros que mantive com os membros da tribo, inclusive com os caciques...

R: Você dizia para eles que corrimento era coisa de Tupã...

A: Não, eles é que falavam...

R: Esse corrimento foi pego com os brancos ou elas já tinham?

A: Veja: corrimento existe até em crianças. Então, corrimento é algo que pode existir, independentemente da etnia.

R: É normal!

A: Alguns caciques não queriam que eu fizesse exames nelas, porque tinham medo e diziam que o corrimento era castigo de Tupã.

R: Que corrimento era esse?

A: Eram corrimentos normais; às vezes passados a elas pelo próprio indígena ou então por atrito ou por ter uma feridinha no colo do útero. Basta ter uma lesão para haver corrimento. Ou mesmo uma infecção...

R: E eles conhecem infecção?

A: O corrimento é uma inflamação!

R: Mas o índio que não está perto do branco conhece essas inflamações?

A: Não sei, porque os indígenas com quem trabalhei mantinham contato... Veja, estou falando daqueles do estado de São Paulo; e o mais interessante foi uma "cacica" indígena com quem conversei. Ela foi muito legal. Usava uma minissaia de *jeans* e, ao conversar comigo, entendeu perfeitamente o porquê de eu dizer para os caciques, na reunião, que queria fazer nas mulheres da tribo não só o exame de Papanicolaou, mas um exame ginecológico completo, porque tinham direito à saúde as mulheres de todas as idades e de todas as etnias. Essa "cacica" percebeu, então, minha cumplicidade e a importância das coisas de mulher, que só a mulher sente.

Eram muito interessantes todas as coisas que eu sentia e falava e, é claro, quando comentei também que eu sabia que os brancos, depois de casados, ficavam muito menos carinhosos e não mais se beijavam como antes, elas riam, e eu já sabia que o riso era porque achavam a mesma coisa do casamento indígena.

QUARTA PARTE

A PROSTITUTA E O HOMEM MAIS TERRÍVEL: O ABUSADOR

16.

As prostitutas

A: Com as prostitutas, fizemos um trabalho muito interessante. O engraçado é que a presidente do Sindicato das Prostitutas não quer ser chamada nem de prostituta nem de profissional do sexo. Quer ser chamada de presidente do Sindicato das Meretrizes e eu toda vez que, cautelosamente, falava nas profissionais do sexo... ela quase me batia! Ela preferia que eu dissesse ou puta ou meretriz; e ela mesma só se referia como meretriz.

Então, fui a um programa de televisão com ela e outras meretrizes e observei que aquelas com menos idade estavam mais ligadas no consumo e não tinham noção de um projeto para o futuro nem do que iria acontecer com elas mesmas. Assim, pude concluir que essas têm muita dificuldade de encarar a realidade e, por isso, contam muitas vantagens, principalmente se já saíram do Brasil.

Além disso, com a presidente, que é mais consciente, eu consegui que ela se comprometesse a levar as adolescentes prostitutas, filiadas ao Sindicato, para serem examinadas por mim. Mas, durante nossos contatos, ela me disse o seguinte: "É muito difícil o trabalho com adolescentes, elas são muito rebeldes, elas não ouvem os conselhos, elas querem fazer tudo da cabeça delas e não acham que vão ficar velhas."

Quer dizer: o imaginário e a rebeldia na verdade dão a elas a impressão de que são mães de rua, porque tudo que as prostitutas adolescentes fazem no âmbito da instituição da prostituição, fazem também as adolescentes de família: rebeldes que criticam, que não aceitam ordens nem nada. Então, ela conseguiu trazer para o exame um número maior de mulheres mais velhas, que já passaram do "período de validade", do que de adolescentes...

R: Ah, isso tem tempo de validade?

A: Tem, sim! E tem outra coisa: como elas são gratas por esses exames! Existe hoje, por parte da sociedade, um trabalho muito grande para fazer com que elas usem camisinha, mas não existe um trabalho de atenção integral à saúde dessas meretrizes como exames do tipo Papanicolaou etc. E, como nós os realizamos, elas nos adoram, porque isso é muito importante para elas.

A sensação que tenho é que, quando vão ao serviço público de saúde, elas não falam que são garotas de programa nem prostitutas. Mas o fato de elas serem atendidas com exclusividade, porque são prostitutas e, como tal, são examinadas, dá-lhes dignidade... Quando elas chegam com a presidente do Sindicato vão logo dizendo, empolgadas: "A doutora Albertina vai me examinar!" E aí eu examino; e elas ficam todas felizes porque faço o toque, coloco a mão e tudo.

E outra coisa interessante, que elas me ensinaram, é como colocam a camisinha com a boca. E é muito rápida essa ação: prendem a camisinha, pela borda, com os dentes e colocam rapidamente desenrolando a camisinha pênis abaixo, enquanto ele é introduzido...

E elas também dizem que as adolescentes precisam ser espertas e ter força para exigir: sem camisinha, nada de transa. Então, assim como o trabalho que os pais e os serviços sociais fazem com as adolescentes de família naturalmente, também com as prostitutas adolescentes há uma fase parecida, da mesma forma que na zona rural.

Já para as indígenas eu perguntei como é que eram as meninas no começo da vida, porque lá elas não sabem o que é adolescência. "Ah, no começo, elas querem fazer tudo com a cabeça. Depois batem com a cabeça no chão. Mas querem fazer tudo pela própria cabeça! Não dá." "Quando é muito nova, não dá. A gente fala, fala, mas elas não escutam nada, nem Tupã! Não escutam ninguém."

Com as prostitutas a pergunta foi como era trabalhar com as adolescentes prostitutas no Sindicato. "Ora, elas não vão! É difícil; são rebeldes." Então, se eu, no lugar de usar a expressão adolescentes prostitutas, só usasse adolescentes, eu estaria falando com toda a sociedade. Seriam mães de família queixando-se dos seus filhos...

R: Mas me diga uma coisa: as adolescentes não sofrem muito abuso por parte dos homens? Você perguntou isso?

A: Perguntei. Aí é que está. As adolescentes prostitutas precisam de um *time*, de um tempo para falar, porque elas tendem a contar primeiro que está tudo muito bem... É esse imaginário: vão ficar ricas, vão estudar e vão para fora do país...

R: E então?

A: E então o que a gente percebe é que todas elas têm histórias de colegas que já viveram no exterior...

R: Mas é mentira, não?

A: Sim! E todas são de família rica...

R: Outra mentira, não?

A: É claro! E negam sua origem... e isso eu também achei interessante. Nos anos 1960, 70, 80, era a pobreza que determinava se você seria prostituta. Mas hoje, e eu não tenho mais dúvida, essa determinação é pelo consumo e não pela falta de comida...

R: Ah, sim, eu conheço a história de um rapaz que via na televisão aquelas meninas lindas e foi ser assaltante para ter aquelas meninas e se danou, ainda adolescente: ficou paraplégico e foi preso! Lancei um livro dele e ele ganhou indulto da Presidência da República. Esse livro explicava o que é o consumo, como é terrível! Por isso os adolescentes vão para o tráfico e para a prostituição.

A: E para finalizar esse tema, uma das coisas que declarei sobre o consumo para o Fome Zero, quando me entrevistaram, foi que o povo vai para a prostituição não por fome, mas por um erotismo baseado no consumo. É claro que eu acho que no Brasil tem que ter fome zero, analfabetismo zero, tudo zero, mas que outro fator era a questão da prostituição. A prostituição não se resolvia com um prato de comida! As adolescentes não se prostituíam pela comida, mas pelos MacDonald's ou pela roupa de marca, pelos tênis de marca e, principalmente, pelos lugares da moda, chegando ao absurdo de muitas adolescentes de classe média se deixarem abusar pelos seguranças, pelos donos das danceterias, para que assim elas não pagarem a entrada. Isso, na minha opinião, é trágico!

17.

Abuso sexual, estupro e pedofilia

R: Albertina, sobre abuso sexual, o que você poderia dizer?

A: O abuso sexual é um caso seriíssimo; mexe com as mulheres, com os médicos, com as pessoas que convivem com os abusados; primeiro pela grande quantidade de ocorrências e, depois, sua própria extensão, que não sabemos realmente até onde vai. Por isso vou falar dos casos que atendi no Pronto-Socorro e que, quase sempre, eram de meninas que chegavam acompanhadas de suas mães, que logo iam dizendo: "Doutora, minha filha caiu."

É a "queda a cavaleiro": cai em cima do cabo de uma vassoura, ou por cima da bicicleta, e as meninas, que ficavam paradas, olhando para mim, muitas vezes vinham com sangramento, com dor...

R: E qual a idade delas?

A: Ah, de várias idades: 4, 5, 7 anos...

R: Meu Deus, que horror!

A: O caso mais absurdo que eu mediquei foi com uma menina de um ano que chegou no Pronto-Socorro com marcas na vagina. E a mãe me disse: "Não, doutora, ela não caiu, não. Eu disse que ela caiu porque eu tive vergonha e o meu marido também vai dizer a mesma coisa, mas foi um inquilino que quis se vingar de nós e abusou dela."

Então, uma das situações que comecei a perceber foi a importância de sempre perguntar "Como é que você caiu, filha?", para saber a história verdadeira; e, na maioria das vezes, a menina se atrapalha toda ao contar como é que ela caiu. E o que eu tirava daí? Tirava que às vezes o trauma vaginal pode ser grande e ir se agravando ou pequeno e, também, ir se agravando. O problema da marca vaginal não é o que é grave, mas, sim, o sangramento psicológico que imporá um trauma ou não, porque muitas vezes não foi queda, mas abuso sexual.

Essa dificuldade de situarmos se foi um abuso ou não é muito problemática e nos deixa na expectativa de termos que montar um quadro tão bem trabalhado que não possa deixar dúvidas, porque muitas vezes a mãe, a família e a própria adolescente não contam que houve abuso.

Assim, ao chegar no Pronto-Socorro uma menina machucada, que caiu a cavaleiro, com sangramento vaginal, a primeira coisa que tem que ser feita é acolhê-la. No meu caso, ao atendê-la, a primeira anotação que faço é diagnosticar a dor física, porque assim fica mais fácil eu abordar, depois, o psicológico. Após essa anotação, vejo, então, se ela está urinando, defecando, se apresenta febre ou não, pois pode estar com uma lesão interna que ninguém detectou...

R: Ai, meu Deus...

A: Houve um caso de uma menina que morreu três dias depois de ser atendida no hospital porque, como chegou sangrando só um pouquinho, ninguém percebeu que estava com os intestinos lesados.

A conduta que aprendi no Hospital das Clínicas, e que elogio, foi a da observação: uma pessoa que caiu e está com a vagina sangrando deve ser observada, porque talvez esteja com uma lesão física, que poderá se agravar por causa de uma infecção, ou mesmo com uma ruptura interna, não visível. Isso é o procedimento na chegada das pacientes.

Por outro lado, temos que pensar que, se é uma menina de 10, 12 ou 13 anos, talvez ela possa ter sido abusada e penetrada no início da vulva ou apenas recebido uma ejaculação na entrada da vagina e, com isso, ela pode até engravidar. Desse modo, um dos atendimentos é, primeiro, cuidar da parte física com antibióticos e, depois, verificar se há ruptura ou inflamação e, finalmente, ver se há possibilidade de ela engravidar. E, caso positivo, fazer com que ela tome a medicação específica para impedir essa gravidez.

R: E o que você me diz do chá de sena?

A: Não conheço bem o trabalho com o chá de sena, mas sei que as índias usam e que algumas outras mulheres da zona rural o usam também.

R: Eu sei que esse chá contrai o útero. Escutei depoimentos que diziam: "Para descer a menstruação, eu tomo chá de sena, misturado com cominho"...

A: Cominho, chá de hortelã e, hoje, até chá de maconha estão sendo usados para contrair o útero. Mas o que realmente devemos ter em mente é que qualquer tipo de estupro é perigosíssimo; atualmente existem a Aids e todas as outras doenças sexualmente transmissíveis que podem ser transmitidas em casos de estupro ou até de abuso.

Mas o que eu vejo com maior dificuldade são os casos de abuso prolongado, que duram muito tempo. Na maioria são com adolescentes com menos de 14 anos que, quando começam a namorar, descobrem a possibilidade de contar que foram abusadas. Essas meninas de 12, 13 anos chegam e dizem: "Puxa, doutora, agora que estou amando, que tenho alguém que me faz carinho, tenho que contar que meu irmão (ou o tio ou o padrasto, o pai, o avô) vem abusando de mim." E como se dá uma situação de abuso? Sem contar o estupro puro e simples, o abuso se exerce desde espiar quando ela se troca, até lhe tirar as roupas ou lhe dar roupas íntimas e pedir que ela as experimente na frente dele, ou, o que é pior: com ela dormindo, alisar-lhe o corpo até fazê-la acordar assustada.

Esse tipo de declaração é, sem dúvida, o pior: "Ah, doutora, eu acordei e ele estava com a mão no meu peito"; ou: "Doutora, eu acordei sentindo aquela coisa na minha perna e depois ficou tudo pegajoso; eu acho que ele soltou aquele líquido dele"; ou então: "Eu acordei, doutora, e a minha mão estava..., a senhora sabe onde, lá nele."

Essas falas saem vomitadas; é uma coisa de vômito! E nessas horas é muito comum eu acolhê-las; seguro as mãos delas, acarinho-as e elas choram compulsivamente, enquanto fazem seus relatos. Quer dizer: os carinhos físicos...

R: Opostos, de mãe...

A: ... são reconfortantes e estimuladores nessas horas. E é interessante mais ainda o porquê das meninas silenciarem: primeiro por ser o abusador um cidadão acima de qualquer suspeita, um indivíduo que é tido pela família como um sujeito afável, incapaz de um ato desses. "Ah, doutora, a senhora não sabe, ninguém acreditava em mim."

Lembro-me de uma vez em que fui depor num caso de abuso sexual e, enquanto estava na sala de espera, junto com todos, eu pensei que o advogado, o tio, qualquer um ali era o abusador, menos o sujeito que era o abusador de fato, porque esse era o mais simpático, o mais bem-vestido, o que me tratou melhor. E, além disso, era um intelectual.

Quando falei para o juiz que não conhecia lesão física ginecológica que provocasse uma lesão na vagina tal qual aquela discutida no processo, ele me olhou tão assustado, como se eu tivesse dito um sacrilégio. Naquela hora, fiquei pensando que, se eu não tivesse a prática que tenho e fosse uma estudante ou uma pessoa menos avisada, teria pedido desculpas por delatar, como se eu estivesse cometendo uma injustiça social, enquanto o abusador estaria pensando: o que essa doutora está falando de mim?

E se eu respondesse, perpassada pela expressão dele, e não tivesse os anos de estrada que tenho, eu mesma teria duvidado de meu diagnóstico, tal foi a fragilidade... o olhar inocente do abusador. E, depois, ele ainda me disse: "Doutora, eu tenho certeza que a senhora vai me conhecer melhor... e seus conceitos a meu respeito mudarão." Quer dizer: tudo numa educação fantástica.

Bem, esse foi um caso que chegou às vias de fato, porque eu consegui colher material, mostrar que ali houve a presença de espermatozóides, e, na realidade, nenhuma lesão promove espermatozóides, só a ejaculação; e foi isso que eu afirmei ao juiz.

Mas qual é o perfil do estuprador... quase sempre de um ejaculador precoce: esse nem precisa fazer a penetração; ele se compraz, fica feliz só de ver a vítima, escravizada por ele. O medo, a tortura, a agressividade, essa burla é que faz com que ele sinta prazer. Portanto, uma das perguntas que as mães sempre me fazem é se a filha virgem, vítima de abuso contínuo ou não, foi penetrada ou não; mas isso não tem a menor importância...

R: Essas mães não podem prestar...

A: ... porque a penetração em si não tem importância. E quando ela não acontece, porque o abusador é um ejaculador precoce, as mães exclamam: "Deus seja louvado! Que bom!"

R: São mães preocupadas com o que os outros vão dizer...

A: E é por isso, por serem quase sempre ejaculadores precoces, que vemos poucos casos de Aids, de doenças sexualmente transmissíveis e, até, de gravidez como conseqüência de abuso sexual. E também, pelo mesmo motivo, é que se tornam difíceis de diagnosticar, porque é preciso um abuso violento ou uma penetração forçada para que a agressão seja comprovada, pois, normalmente, os abusos prolongados não deixam nem seqüelas nem marcas físicas.

R: Como assim?

A: É que os abusadores são tão sutis que eles pegam, apalpam, mexem, vêem, encostam o pênis ou o colocam muito devagar e, com isso, eles não deixam marcas visíveis, possíveis de identificar, nem causam doenças nem gravidez. Então a menina diz assim: "Ele mexeu comigo!" Você vai verificar, ela nada tem no hímen.
Muitas vezes, porém, aparece alguma lesão sexualmente transmissível, porque eu já tive casos de papilo-

ma vírus, casos de doenças que só são contraídas por meio da atividade sexual e então chega-se à conclusão que essa menina teve um abuso. Mas, na verdade, o abuso só é reconhecido pelo que é dito na fala dela, na fala dela contra a fala dos outros. Eu diria que não chegam nem a 20% os abusos prolongados; outra situação é a do estupro, em que a menina é violentada e tudo o mais, mas os casos de abuso durante anos, repito, são abusos feitos sem marcas físicas visíveis.

Agora, outra coisa muito importante que percebemos e sentimos é que, muitas vezes, marcas e seqüelas psicológicas dominam essas meninas e é aí que começamos a perceber: elas ficam gagas, acordam com sobressaltos noturnos, urinam na cama ou têm rendimento escolar muito baixo. Eu atendi uma menina que punha uma franja cobrindo quase todo o rosto; e tem aquelas adolescentes que não olham para si mesmas, que ficam todas encolhidas... Então, há uma postura corporal pelo medo; há sobressaltos e uma demora enorme até que elas consigam falar do abuso. E quando elas falam é interessante, porque quem denuncia o abuso geralmente é uma tia, uma avó.

Mas, veja bem, se for uma mãe a denunciante e seu homem, o abusador, a mãe age contra a própria filha abusada: "Também, doutora, ela usava uma roupa muito curta. Eu acho que ela provocou... O padrasto dela é um homem tão bom! Ele dá dinheiro para a casa. Foi ela quem provocou!"

Assim, se o abusador é o padrasto, a mãe age violentamente como numa disputa de fêmeas. Foi aquela filha quem tentou lhe roubar o namorado; e a mãe passa, então, sem discussão, a defender o abusador, pois senão aquela seria uma situação que a forçaria a separar-se dele e, por isso, ela sai culpando a menina: "Ela sempre foi assanhada mesmo; nem é a primeira vez que ela quer desgraçar a família; com certeza a culpa é dela!"

R: Sempre da menina...

A: Isso quando é o padrasto, porque quando é o pai... a mãe fica muito assustada. Mas, se ele é financeiramente um bom provedor e se ele é "um bom pai", o que normalmente ele é, ela diz assim: "Ah, com certeza ele teve alguma alucinação, ele é sonâmbulo..." Ou: "Ele bebeu e aconteceu um deslize..." Ou ainda: "Essa menina está inventando, não é possível."

Então, se a mãe estiver bem com o pai, ela realmente não assume o que aconteceu com a filha; só se o casamento ou a relação já está desgastada é que ela pode vir a aceitar o fato. E olhe, por minha experiência, mesmo que a mãe se choque, fique brava, a situação de afastar a menina de casa, do abusador, é muito difícil. Por exemplo, em casos de abrigo, em que temos por força da situação de tirar a menina de seu lar e colocá-la num abrigo, é muito complicado, porque ela vai ficar onde?

R: Normalmente ela fica com alguém da família...

A: Nós fazemos isso; mesmo assim é difícil! E eu nunca vou esquecer de um caso em que uma pessoa passou por mim, perguntando: "Onde está a doutora Albertina?" Era um abusador que quis me matar no Hospital das Clínicas e ele chegou de uma forma tão raivosa que todos os funcionários ficaram com muito medo da situação. Muito medo mesmo!

Também é muito importante a necessidade de contarmos com psicólogos preparados para enfrentar essas situações. Inclusive, um exemplo dessa necessidade pode ser dado pela história de um menino com dificuldade de saber se era *gay* ou não. O pai dele, à porta do consultório, dava medo. Mas, mesmo assim, a médica que atendeu o menino disse ao pai dele que o menino dissera que vinha sofrendo abuso sexual por parte dele, o próprio pai. E eram todos de classe média alta. Acredite, é preciso muita coragem e muito controle, até de um profissional, para enfrentar o abusador numa situação como essa.

R: Por quê? O que o abusador faz?

A: Primeiro o abusador mente, depois ele conta com o apoio da família...

R: Mas o que ele faz? Ele mata, agride?

A: Não, ele não agride; ele desconcerta a todos, porque normalmente é pacífico e muito controlado. Ele nega e nega...

R: Então, ele é esquizofrênico, porque ele tem um lado de um jeito e outro lado, de outro.

A: Quer dizer: nos casos em que eu fui depor, repito, os advogados mais pareciam os abusadores do que os próprios abusadores, que sempre são cidadãos acima de qualquer suspeita.

R: Agora, diga-me outra coisa: qual é a quantidade percentual de pedofilia nesses casos, porque pedofilia é caso de abuso! Há pesquisas sobre isso? Você sabe?

A: O que eu posso dizer é que quase 15% das mulheres sofreram algum tipo de abuso sexual; é mais do que 10%, com certeza. No Hospital das Clínicas, de cada quarenta, cinqüenta meninas que eu atenda, eu sei que pelo menos cinco ou seis foram abusadas e, em meu consultório, de cada cinqüenta mulheres atendidas, eu tenho a certeza de que seis ou sete apresentam um histórico de abuso não compensado.

Agora, quanto à pedofilia, a idade preferida pelo abusador vai de 5 a 7 anos. Porque, quando a menina chega aos 10, 12 anos, ela ganha juízo crítico e já conta. Veja, o estupro e a sedução entre meninas de 10 a 13 anos existe, mas o verdadeiro abuso é caracterizado por ocorrer antes que a menina menstrue, antes do aparecimento das mamas.

Eu lembro de uma conversa que tive com dois abusadores em que indaguei: "O que aconteceu; contem para mim." "Ah, doutora, eu não sei o que me dá, mas eu gosto mesmo é daquela menina que ainda não se fez mulher", disse um, "mas essa menina aí me provocou, eu não sou culpado, ela é uma menina que nem tem seio, mas é uma provocadora, ela me provocava, porque eu sou homem, doutora, eu também não posso ficar quieto." Já o outro afirmou: "No meu caso, era o mal que estava nela. Ela tem o espírito do mal! Ela é pequena, mas já tem o espírito do mal da mulher que quer levar para o mau caminho, ela é que me provocava." Essas são duas versões de abusadores, um com tendência religiosa e outro que "não sabia o que dava nele, mas que, na verdade, a culpa não estava com ele".

E há outros dados importantes: primeiro a idade média das vítimas fica em torno de 5, 7 anos, menos que 9; segundo, os abusadores são de todas as classes e de todas as religiões — todas, e isso é o que chama mais a atenção; e, terceiro, as meninas mais visadas são as brancas e não as negras, como todo mundo pensa...

R: E os padres? Eles abusam mais que os outros? Eu acho que esse caso recente de abuso homossexual nos Estados Unidos não é isolado, não. Isso deve estar assim no mundo inteiro; deve ter sido sempre assim.

A: A queixa maior é da mulher. O menino tem mais dificuldade ainda de falar no abuso, porque ele tem medo de ser chamado de *gay*. Por isso é que o menino declara menos que foi abusado, porque ele é discriminado.

R: Veja bem, deixa eu comentar uma coisa: em todas as turmas de escola, os meninos violentam os próprios colegas, em todos os lugares — nos asilos, nas instituições de guarda de menores, nas escolas etc. — meninos são estuprados. Então, o abuso sexual violento de meninos é corriqueiro... Já com as meninas, não.

A: Na verdade, existe a questão do "troca-troca", quer dizer: a confusão do "troca-troca" com o abuso...

R: Explica melhor, eu não sei o que é "troca-troca"...

A: Na verdade o "troca-troca" é eles terem entre si uma relação homossexual como se fosse uma experiência, isto é, eu troco: uma hora eu sou mulher e, na outra, homem. Isso é uma brincadeira, é cultural. Eu "mexo" em você, você "mexe" em mim; tudo como se fosse uma experiência.

Agora, o abuso é quando uma pessoa mais velha usa uma criança. É muito comum um irmão mais velho, de uns 20 anos, abusar do irmão, do primo, de 6, 7, 12 anos. Entre homens isso é comum, mas a declaração de que isso ocorreu não é. Porque o menino tem vergonha de falar, porque sente que ele pode ser o culpado.

O mais grave é quando o abusado tem uma ligação afetiva com o abusador. Uma menina me disse assim: "Doutora, ele me punha no colo, passava a mão em mim e ficava mexendo e sabe que eu gostei." E quando ela gosta, nossa, ela já sente que foi tomada pelo demônio, que o mal se acercou dela, isso se for religiosa, senão, acha que é uma prostituta, que é do mal e ela começa mesmo a acreditar que é do mal. "Eu já estou viciada, doutora, eu sou viciada!" Só que, quando ela começa a conhecer um outro carinho, onde tem amor, ela confessa...

Um dos casos mais incríveis que eu tive foi o de uma mulher que sempre que engravidava, abortava, e, por isso, chorava muito. Eu fiz todos os tipos de tratamento, de investigações e ela não conseguiu engravidar. Aí, chegou um dia, eu vi que algo mais poderia estar acontecendo. Cheguei para ela e disse que tinha tentado, visto, analisado tudo e achava que talvez ela pudesse me dizer mais de si. "Doutora, não sei se já lhe contei isso: minha mãe morreu quando eu tinha 12 anos. Meu pai era muito culto, inteligentíssimo, conhecido, inclusive", disse ela e completou: "Mas fui eu que cuidei dos meus irmãos, porque meu pai, quando minha mãe morreu, não tinha ninguém mais em quem confiar; eu fiquei, pra tudinho, no lugar de minha mãe."

R: Coitada...

A: E chorava, chorava, enquanto eu dizia assim: "Você não acha que está precisando de uma ajuda psicológica?" "Ah, não, doutora, porque o meu pai tá bom. Ele fez isso por precisão, por que ele não tinha mais mulher!"

R: Nossa, que doideira.

A: E aí é interessante porque, no caso dos abusos, a questão é tão clandestina que não surge nelas o medo de engravidar. É mais fácil engravidar num estupro, com certeza, do que nesses abusos clandestinos, abusos que duram anos e anos. Então, não surge o medo.

Desse modo, por que também não engravida? Porque o abusador quase sempre deixa de abusar da menina quando ela menstrua. O abusador começa a abusar da menina ainda criança, depois ela vai ficando grande, menstrua, ele passa a abusar de outra. E é interessante que em alguns casos a menina que deixa de ser abusada sente-se preterida...

R: E abusam de meninos também?

A: Já tive casos em que o abusador se servia até do cachorro!

R: Ave-Maria!

A: E nós descobrimos porque a menina tinha a mesma doença que o cachorro da casa. Em resumo, ali o abusador se aproveitava da menina, do menino e até do cachorro...

R: A mulher normalmente não abusa, não é?

A: Olhe, eu conto nos dedos os casos que tive, cerca de 1% do total, e no entanto era uma relação assim: um menino de 15 anos se apaixonou pela tia. Ele viajava com ela e acabaram tendo uma relação...

R: Vou lhe fornecer números. Nos Estados Unidos, cerca de 5% de todos os padres abusam de meninos, isto equivale a 2 mil padres de 40 mil e das freiras, que somavam 80 mil, só dez delas eram abusadoras.

A: Eu não conheço essa estatística; aqui deve ser igual. Nesse caso que estou contando era a tia quem abusava do sobrinho, mas a situação quase sempre mesclava interesses: "Ela gosta de mim e eu me sinto leve porque também gosto dela." Quer dizer: havia uma situação com bom sentimento...

R: Você acredita que o lesbianismo possa ter origem em casos de abuso?

A: Eu não vejo assim...

R: Eu até sei que o abuso em si não detona isso. Trata-se de uma questão de opção.

A: Porém, muitas vezes a opção pode partir do abuso, porque muitas meninas desenvolvem um certo pavor em pensar em ter um homem no futuro. Mas algumas outras arranjam um namorado e descobrem o carinho puro. "Olha que coisa! Eu sou impura, tô porca, doutora; agora que tô gostando de um menino é que vejo como sou porca."
Outras vezes os dois vêm juntos e dizem: "Olha, nós temos um segredo para contar." E ele diz assim: "Dou-

tora, eu já perdoei ela! Já aceitei ela!" E ela fica olhando para ele assim, envergonhada, como se estivesse frente a seu "magnífico senhor", porque foi aceita por ele.

R: Você sabe que muitas meninas, muitas mulheres, ao lerem este livro vão se reconhecer nesse caso?

A: Vão, sim. Agora, existem vários outros casos. Inclusive o do abuso que nem todas contam. Existem mulheres que ocultam a vida toda que foram abusadas e só quando chegam na menopausa é que dizem: "Doutora, eu não quero mais nem ver esse cara na minha frente. Ele é meu tio, é um porco! Eu não vou no enterro dele! Ele abusava de mim."

Há mulheres que passam mais de quarenta anos guardando esse segredo e só então, por alguma situação familiar ou porque o abusador voltou a abusar, é que ganham coragem de romper o segredo. "Eu vou contar: esse cara abusou da minha neta, mas de mim também abusou, tá entendendo?" E ela chora. Tive vários casos de mulheres, já com 50, 60 anos, que só contaram nessa idade, porque descobriram que aquele seu abusador voltara a cometer abusos em sua família.

R: É contumaz...

A: Aí é que está: o abusador tem livre trânsito no meio da família. Então, uma coisa é a situação de estupro, em que a mulher é violentada na rua e vai à delegacia dar queixa, e, graças a Deus, hoje existe a Delegacia da Mulher, que ajuda muito nesses casos. Mas na delegacia comum, as mulheres violentadas me contam e eu já presenciei, o delegado costuma olhar e perguntar: "Mas a senhora estava com que roupa?" Por isso é que foi importante a criação da Delegacia da Mulher, para acabar com a discriminação da mulher.

"Olha, doutora, vê se dá um jeito de eu não ter que ir lá. Os caras lá ficam pedindo e querendo saber os detalhes." E, muitas vezes, o detalhe requerido é o detalhe orgástico...

R: Um detalhe perverso!

A: É isso: esse termo é muito melhor do que o meu: um detalhe perverso! E o delegado, o escrivão, ficam vibrando com isso...

R: E desse modo ela é estuprada pela segunda vez.

A: Muitas vezes também profissionais, não preparados para atender a essas situações, pedem para ela contar e ela conta. E o mais interessante é que, quando a pessoa conta um caso que dói muito, ela omite diversas partes. Então, em diversas ocasiões, ouvi que era difícil ver a verdade, porque "a vítima esqueceu". É claro que ela esquece, porque é para esquecer mesmo! Tem pedaços em que ela se confunde toda.

Então, quando essa mulher é estuprada no meio do mato ou onde for, ela normalmente conta isso: "Estou sentindo o cheiro dele pelo meu corpo inteiro! Doutora, o suor dele entrou por minhas entranhas, eu sinto e a senhora não está sentindo, porque eu me perfumei e estou cheirosa por fora." Aí, ela chora, chora, chora... e eu colho material e vejo o estado em que ela ficou. E aí vem o pior, que é falar com ela do assunto. É tão violento... quase sempre necessita de socorro imediato; e ela tem de tomar remédio...

R: Quem estupra?

A: Vamos falar da estuprada. Geralmente quem é estuprada é a mulher branca entre 16 e 17 anos, adolescente; idosa, é mais raro, mas até existe. E quem estupra, como já disse, são homens de todas as raças, classes sociais e religiões. E o mais inacreditável é quando o estupro é em três ou mais; então, ele se torna mais fácil, embora a penetração seja mais difícil, porque existe uma competição entre os estupradores para ver qual deles vai se dar melhor; mas se é só um, a vítima fica sujeita à sevícia maldosa. Isto é, quando é mais de um estuprador, eles disputam ansiosamente para ver qual deles usa mais a vítima, mas se é um apenas, ele fica ali o tempo que desejar.

R: Como é que ele consegue que a mulher abra as pernas?

A: Na verdade, de fato não interessa a ele que ela abra a perna. O que interessa a ele é ejacular, e ele ejacula na perna, no corpo, em qualquer lugar. Não está preocupado com a penetração. Você, me parece, está raciocinando em termos de uma relação normal, de abrir as pernas e tudo; isso não importa. Ele vai por cima, por qualquer lugar, não é uma relação normal.

Então, a grande pergunta é essa: como é que ela abre as pernas? Ora, não abre! E é isso que faz o tesão, essa reticência. "Doutora, eu consegui fechar e não abri as pernas, mas não adiantou, mesmo assim ele ejaculou em cima de mim." Eu tenho a impressão de que se a mulher, na hora do estupro, falar para o homem: "Vem, goza", ele broxa na hora. Porque tal é a perversidade, que ele fica feliz com a situação de recusa. Isso a menina conta, vem falar...

Hoje, há muito medo de se contrair Aids ou outras doenças. Quer dizer: não é só o medo real, mas, psicologicamente, a lembrança do cheiro, da dor, da vergonha; a vítima se sente um lixo, porque o estupro é sempre muito violento. Clinicamente ela sente medo da Aids ou de uma gravidez, por isso tem de tomar medicações, remédios, e fazer o controle. Mas, depois, o caso dela "sai de moda", porque no começo todo mundo fica assustado, mas com o tempo o susto vai passando e as pessoas ficam apenas com uma dor solitária. Então, essa é uma situação — a do estupro — que de início agrupa as pessoas em torno da vítima, mas, depois, com o passar do tempo, esta permanece solitária.

Agora, o pior, repito, é o abuso escondido, que as pessoas não contam. Eu tenho certeza de que apenas 30% dos abusos cometidos vêm a público. Uma mulher pode ter sido abusada mais de uma vez, mas ela não conta, não conta a mão-boba, a passada na bunda, o olhar insidioso...

R: Esse negócio do olhar, toda mulher sofre...

A: Elas não contam, nada... E outra coisa também importante é que as mulheres ficam frígidas ou com medo de se entregar a uma relação, porque de alguma forma tiveram uma iniciação sexual temerosa. Muitas mulheres com dificuldade de chegarem ao orgasmo, quando você pergunta, dizem: "Olha, doutora, não consigo esquecer a minha primeira vez. Foi horrível." Não é só a educação sexual, a cultura que faltaram; também os abusos que sofreram ajudaram a montar esse quadro.

Ah, e os sons; os ruídos que eles fazem... São elas que me contam: "Doutora, é horrível, ele fez um ruído que eu não vou esquecer nunca. Ele ejaculou e senti aquele som nojento; ele bufava, ele fazia isso." Então, os ruídos ficam no cérebro da mulher...

R: E essas mulheres se tornam frígidas mais tarde?

A: Sim, algumas sentem dificuldade; não diria todas, mas algumas...

R: Eu duvido que qualquer uma delas seja orgástica, nenhuma delas é orgástica!

A: Então eu diria assim: uma das grandes questões aí é investigar a falta de orgasmo provocada por esses sons. Até já escutei de uma paciente: "Doutora, quando meu marido bebe, fica com um sono igual ao daquele cara que botava a mão em mim. É insuportável."

R: Olha. E ela escolheu um cara igual ao cara que... isso porque, dentro dela, uma parte aceitou a violência.

CONCLUSÃO

Juntando tudo e fazendo gênero

Vamos agora à nossa análise do conjunto do que foi dito neste livro a partir do ponto de vista do gênero: a moderna psicologia descobriu que aquilo que a criança percebe desde que nasce, tudo que ela percebe, principalmente no primeiro ano de vida, fica no seu ser para sempre. O menino já nasce "carimbado" pelo sistema através da família e do ambiente que o circunda para formar uma masculinidade agressiva, por todos aceita. Ele assim aprende a reprimir as suas emoções e a ser mais agressivo do que a menina. Também passa a ser mais ativo e, acima de tudo, a ser mais egoísta, a pensar nele primeiro e só depois pensar nos demais. E por que isso? Porque, por ser homem, identifica-se com o pai. Mas há, aí, um problema: para qualquer menino ou menina, a primeira relação de amor — e a mais importante — é com a mãe, que os amamenta e toma conta deles.

Assim, aos 4 anos, mais ou menos, quando o sistema nervoso da criança já está mais maduro, ela vê que a mãe não é só dela, mas, principalmente, é do pai.

O menino, pelo seu lado, inconscientemente, fica com raiva e ciúmes do pai, mas com medo também, porque o pai é forte, é grande. Então, ele rejeita o pai e, na mesma medida, rejeita a mãe, pelo medo de ser punido por ele pelo amor que sente pela mãe.

Não pode ter amor pelo pai, devido ao medo que sente dele, e não pode ter amor pela mãe, também por este mesmo medo. Medo, que é uma mistura de raiva e temor. Então, qual é o único amor possível para esse menino? Qual é o amor que vai salvá-lo da mais completa solidão, só comparável ao sentimento de morte?

Apenas o amor de si mesmo — a única pessoa que sobra para o menino amar. Daí é o amor a si próprio que o salva. O menino se vê obrigado a amar a si, a se apoiar em si, caso queira sobreviver psicologicamente! É o que chamamos *egoísmo*: eu, primeiro; os outros, depois!

E ao se identificar sexual e afetivamente, o menino, nesse momento, entende que isso não pode ser feito num contexto de acolhimento amoroso, mas, sim, de rejeição, agressão e medo reprimidos. O homem, no fundo, é aquele que sofre mais, aquele que perde mais no sistema patriarcal, simplesmente por ser homem, o que é visto por todo mundo como privilégio, mas não é. A vida do homem se empobrece já na infância, pois, desde os 4 anos, a ele fica proibida a possibilidade de amar. Para ele, no âmago inconsciente do seu ser, o amor que possa vir a ter só o leva à violência e nunca ao amor do outro, especialmente ao amor de uma mulher!

E a menina, a partir do seu nascimento, tem que se identificar com a sua mãe. Quando, por volta dos 4 anos, ela vai solidificar essa identificação, pelo simples fato de ser mulher, ela continuará ligada à sua mãe — o maior objeto de amor de todas as crianças, meninos e meninas. O pai, pelo seu lado, não faz nenhuma interferência na relação de ambas, pois considera "natural" a menina imitar a mãe. Assim, a menina é educada para liberar a sua sensibilidade, para poder chorar, e, dessa forma, torna-se doce, emotiva, intuitiva, ela se sente na obrigação de, principalmente, *cuidar* dos outros.

No sistema patriarcal, a característica exclusiva das mulheres é o cuidado com a vida, porque são as mulheres que dão à luz os filhos e dão também o seio. São elas que, de fato, cuidam do lar, dos filhos e do marido. E a menina, ao se identificar com a mãe, faz essa identificação amando, sem medo da figura paterna, pois o pai incentiva esse amor de tal forma que à menina só resta o trabalho de seduzi-lo e fazer dele um aliado.

Por incrível que pareça, embora considerando-se inferior e mesmo escrava, a vida interior da mulher e a sua relação com o outro somente se resolvem na companhia e no afeto. Dessa maneira, como o menino é deixado sozinho e sofre por ter como único amor o amor de si mesmo, a menina, ao se ver como mulher, vê-se duplamente acompanhada, pelo pai e pela mãe. Para a menina, o amor que salva é somente o amor do outro, porque ela estará sozinha se não amar o seu pai e a sua mãe. Em vez de ser educada para tornar-se um ser egoísta, a menina o é para ser *altruísta*, para se preocupar com as outras pessoas.

Assim o *patriarcado/capitalismo* cria esses dois mundos, isolados entre si, que não conseguem se encontrar em profundidade nunca, porque o mundo feminino é o mundo do amor e o outro, o masculino, da competição.

Aqui, nesta conclusão, pretendemos mostrar que tanto homens quanto mulheres, assim "carimbados", são os cúmplices inconscientes desse mundo de hoje, violento e injusto: a mulher pela sua passividade, pelo seu silêncio, e o homem pela sua agressividade, pela sua ação.

No decorrer deste livro fica claro como o menino tem medo de falhar no ato sexual (Capítulos 4 e 5), porque ele foi educado para ser egoísta e competitivo a fim de se adaptar ao mundo violento, mesmo que ele pessoalmente não o seja. E a menina, em primeiro lugar, tem medo de não agradar, porque ela foi "carimbada" para o mundo do amor, da emoção e da intuição.

Os meninos agem com a cabeça e as meninas, com o coração. Isto é, os meninos identificam-se com a mente e as meninas, com o sentimento e o corpo. Desde que o patriarcado foi instituído, é isso que acontece. Os homens se identificam com a mente considerada superior, criativa e construtora do mundo, deixando o corpo de lado, embora seja nele que se originam as emoções, a intuição, a sexualidade. Esse corpo é domínio apenas das mulheres. E na nossa pesquisa "Sexualidade da mulher brasileira", a maioria dos homens alegava mesmo que "corpo é coisa de mulher".

Como os homens desprezavam o corpo e valorizavam mais a inteligência, o corpo masculino acabou sendo mal vivido, mal desenvolvido — no que se refere à sexualidade, ao afeto, mas não ao esporte. A mulher vive o corpo *concreto*, que gesta, pare, amamenta; e os homens vivem o corpo *abstrato*, voltado para as lutas pelo poder.

Isso explica por que no Capítulo 3 deste livro um menino dizia que broxava com a menina que ele amava, justamente porque a amava. Ele conseguia fazer sexo com qualquer outra com quem não estivesse envolvido emocionalmente, menos com a sua namorada.

Por terem o corpo mais abstrato, os homens tendem aos grandes problemas — às *generalizações* —, aos grandes princípios que mantêm organizada a sociedade e as mulheres tendem aos detalhes — ao *concreto* —, às miudezas mantêm a vida vivendo. Por isso os homens são *agressivos* — "menino não traz desaforo para casa" — e *manipuladores*, isto é, moldam, manuseiam a realidade ao seu modo; e as meninas, conciliadoras, *acolhedoras*, e, também, mais medrosas, portanto, *dependentes* dos homens. E, como se sentem inferiores, tentam agradar de todas as maneiras possíveis, tornando-se assim *passivas*, enquanto os meninos são *ativos*. É por isso que muitas adolescentes, e mesmo a maioria das mulheres, fingem ter orgasmo para não atrapalhar a relação, como bem relatado neste livro. Esse foi sempre o padrão do patriarcado: o da mulher à espera do príncipe encantado, o da Cinderela, o da Branca de Neve, o da Bela Adormecida...

O homem é um ser *fragmentado*, porque divide o corpo da mente e, a partir daí, todo o resto, e a mulher, conforme já vimos, é mais *íntegra*. O homem se identifica sexualmente com a solidão, com a *autonomia* e com a *separação*; e a mulher, com a *companhia*, com a *relação* com o outro e com a *união*.

Este livro está repleto de exemplos desses dois comportamentos: a mulher e a menina adolescente querem ser acariciadas e se queixam que o homem é muito rápido e só pensa na penetração (Capítulo 4). Outro exemplo, nos bailes *funk* as meninas transam às escondidas, em pé, nos banheiros — também em lanchonetes e danceterias —, o que as deixa muito frustradas. No Capítulo sobre a mulher rural (p. 133), elas se comparavam a um fogão a lenha que leva quatro horas para cozinhar um feijão, mas esse fica delicioso, e comparam o homem a um fogão a gás que queima tudo muito depressa.

Então, apesar de ser possível que se pense na sexualidade dos adultos como dependente da relação da menina com o pai e do menino com a mãe, isso é ledo engano! A sexualidade adulta depende, principalmente, da relação de ambos com a mãe que, como vimos, é o objeto do amor primeiro dos dois. E isso acontece porque o pai, no sistema patriarcal, não toma conta dos filhos e filhas.

Quando o amor se aprofunda, o menino se lembra do sofrimento da infância ao rejeitar a sua mãe por causa do seu pai. Então o seu tesão diminui por ele relembrar esse medo. Na menina, diferentemente, vem a paixão primeiro, só depois é que o tesão aumenta. E quando ambos estão no ápice do amor e ela fica totalmente louca por ele, ele, cheio de medo, "broxa"! Então ela finge o orgasmo, pois para a menina *o amor leva à vida* e para o menino *o amor leva à morte!*

E é isso que nos faz perguntar: *Por que os homens fazem sexo e as mulheres, amor?* Unicamente porque, como dissemos, os homens têm medo do amor. Ou eles têm tesão ou têm afeto, os dois juntos assustam. Já a mulher não sente assim, pois ela não experimentou na infância esse sofrimento tão próximo ao sofrimento da morte. Para o homem adulto, dar-se ao amor é perder o controle de si. E "entregar os pontos" é ser derrotado. Para a mulher é o alcance do prazer completo no corpo inteiro.

Para o homem o prazer está localizado no pênis, porque o corpo dele é esvaziado de prazer físico para melhor poder trabalhar para o sistema. As mulheres, pela sua vez, sentem um prazer difuso pelo corpo inteiro. E isso é o *êxtase*, enquanto o *prazer* é apenas o gozo localizado no pênis.

Por isso, a queixa das mulheres de que os homens não as acariciam bastante, que são rápidos demais. Assim, o homem quase sempre foge de um relacionamento amoroso profundo, para não ser cobrado, enquanto a mulher se vê *ameaçada com a distância* e o afastamento masculinos. O homem fica seguro quando há um afastamento maior. Ele se sente *ameaçado com a proximidade*. Daí ele preferir fazer *em primeiro lugar sexo* e a mulher, *em primeiro lugar amor*. E isso é um grande desencontro!

Um exemplo disso é o "ficar" (Capítulo 2). O "ficar" é uma invenção masculina dos meninos que não conseguem chegar mais perto da mulher. A mulher que "fica" muito se torna descartável; é tida como "galinha". Já o homem que "fica" é visto como "garanhão". Assim, se o homem tem várias mulheres, ele é considerado um sucesso. No entanto, se é a mulher que tem vários homens, ela é rotulada de prostituta. Foi sempre essa a dupla medida que o sistema impôs a homens e mulheres. O homem deve ter o máximo de mulheres e a mulher, ao contrário, o mínimo de homens!

Outro fator complicador é a extrema dificuldade do homem romper as relações. "Fico doente quando me separo!", dizem quase todos, ao terminarem uma relação. Dada a experiência precoce daquele rompimento com pai e mãe, o homem prefere não mais romper qualquer relação por mais difícil que ela esteja. A mulher, sim, é que é responsável por 75% de todos os rompimentos das relações entre homens e mulheres no mundo. E é por isso que os homens dão preferência aos "mulherões". Então, *o homem trai a mulher para continuar numa relação morna*; e a mulher *trai o homem para criar a coragem de sair de uma relação morna!*

Essa preferência sexual traz as conseqüências que todas nós vemos nas nossas próprias vidas. Entre elas, traz também a existência do abusador sexual, o mais terrível dos homens (Capítulo 17), que só goza na perversão do sexo sem nenhum afeto e com uma menina totalmente desamparada. Também ali citamos o estuprador que só goza pela violência e pelo pânico da mulher.

Continuando com o nosso raciocínio, em geral, de início o homem só vê a *aparência* física da mulher. Pelo fato de seu corpo ser mais dividido, ele apenas enxerga um mero aspecto do corpo feminino, ou os seios, ou o traseiro, ou as pernas... Conheço um que foi atrás e se casou com um nariz. Era um otorrino — isto é, um médico especializado em nariz e ouvidos — e encontrou uma moça que tinha o nariz perfeito. A sorte é que a moça era uma boa mulher e, assim, deu certo o casamento. Você já imaginou o caos que seria se, por trás das *aparências* físicas, o alguém escolhido não servisse nem mesmo para simples companhia? Seria um "Deus nos acuda!"

Além do mais o homem é *quantitativo*, porque é mais competitivo do que as mulheres. Ele fica medindo o tamanho do seu pênis, dizendo quantas namoradas ele teve, enumerando quantas já caíram no seu laço, com quantas "ficou" numa noite ou quais foram as que ele desvirginou. Por essas e outras, o homem sente *dificuldade de falar das suas emoções e sentimentos*.

Emoção e sentimento, para o homem, dizem respeito ao domínio do corpo e, portanto, o homem tenta escapar dessas emoções e sentimentos. Já as mulheres, por serem mais emotivas, *querem se comunicar*. Desejam sempre "discutir a relação". Esperam a proximidade. Os homens, pelo seu lado, as vêem como polvos cheios de tentáculos e procuram escapar delas como o diabo foge da cruz. A mulher, querendo agradar, acaba sufocando o homem.

Mas, enfim, essa é uma lista interminável e seria muito bom que os leitores(as) fizessem grupos de discussão para ampliar essa lista, de acordo com a realidade de cada um(a), mas, sabendo desde sempre que tudo isso são *armadilhas do patriarcado* para controlar a sexualidade de homens e mulheres, pois é pela frustração da sexualidade e do prazer que o sistema capitalista funciona! Porque só podemos trabalhar compulsivamente se estivermos frustrados afetiva e sexualmente.

Se vivêssemos em gozo pleno, em êxtase, esse sistema econômico não se manteria de pé. É bom saber disso, não? Homens e mulheres, vamos procurar viver a nossa sexualidade com mais alegria e com mais gosto — e com menos medo.

Este livro foi composto na tipologia Usherwood
Book, em corpo 11,5/15,5, e impresso em papel
off-white 80g/m² no Sistema Cameron da
Divisão Gráfica da Distribuidora Record.